LA

DÉMOCRATIE AU XIX⁽ᵐᵉ⁾ SIÈCLE.

IMPRIMERIE DE PHILIPPE CORDIER,
Rue du Ponceau, 24.

LA DÉMOCRATIE

AU XIXe SIÈCLE

OU

LA MONARCHIE DÉMOCRATIQUE.

PENSÉES

SUR DES RÉFORMES SOCIALES,

PAR

CALIXTE BERNAL.

Publication faite en Français par l'auteur

PARIS,

CHEZ DAUVIN ET FONTAINE, LIBRAIRES,

Passage des Panoramas,

ET CHEZ LES PRINCIPAUX LIBRAIRES.

1847.

TABLE DES MATIÈRES.

Il faut en ce bas monde
Que les plus belles voix
Contre la lèpre immonde
S'élèvent à la fois.

. . . .

Car je sens que le monde, en toutes ses merveilles,
Ne nous présente pas de prodige plus beau
Et de levier plus fort que l'homme et son cerveau.

(A. BARBIER.)

Pour savoir il faut méditer. Celui qui médite seulement sur ce qui s'est passé sous ses yeux, ne
connaît qu'une page du livre de la science; pour
arriver à les connaître toutes, il importe d'étu-
dier tous les événements dès leur origine.

L'homme, jeté sur l'océan du monde, se
trouve isolé, complétement ignorant, livré seulement à lui-même, sans appui, sans plan, sans
but. Il ne voit pas le point où il doit tendre ; il
ne sait par où se diriger dans son pèlerinage ; il
ignore même la cause de son existence et la mission qu'il est destiné à remplir. Tout ce qui l'en-
toure reste muet en présence de ses investiga-
tions, et il est contraint de tout chercher et de
tout trouver en lui.

Aussi, privé du secours d'une intelligence supérieure qui puisse l'aider ou le conduire, il rentre en soi, il s'interroge et ne trouve qu'appétits, que besoins à satisfaire ; d'où il déduit la conséquence invincible que le but de son existence est la satisfaction de ses besoins, objet indispensable dont la négation implique la dissolution ou l'anéantissement de son être.

Tous les efforts donc, toutes les tendances de l'humanité se sont toujours dirigés vers l'accomplissement de cet exigeant précepte ; et quoique l'homme soit des êtres animés, celui qui a été le mieux doté par la nature, en tant que maître des trésors inépuisables de l'intelligence, alors cependant à peine les connaît-il , il ne peut pas même en appeler à sa raison dont il ne possède que le germe, les instincts seuls étant développés. La raison c'est la faculté de juger ; pour juger il faut comparer ; pour comparer il faut des faits ; les faits ne sont donnés que par l'expérience ; encore l'expérience d'une génération n'est-elle pas suffisante ; il faut celle de plusieurs. Aussi l'homme n'arrive-t-il point à la vraie rationalité sans la civilisation, qui n'est que le produit d'un long exercice de la raison.

L'homme ne sent jusque-là que l'aiguillon de ses appétits, que la force de sa volonté et de son corps, et il se lance dans la carrière de la vie avec toute la violence de ses passions et toutes les ressources qu'il peut tirer de son courage, de sa vigueur, de sa ruse. Que s'il rencontre dans son chemin d'autres hommes dont le plan, le but, les moyens sont les mêmes, alors le choc est terrible : les uns et les autres résistent, se battent, se dépouillent et ne recueillent que les tristes fruits du désordre, conséquence forcée d'une égalité absolue et d'une liberté sans discernement.

Ce fut dans ce désespoir de l'enfance du monde, produit par l'anarchie primitive, que l'homme, pour la première fois, tourna les yeux vers les régions célestes. Alors, fatigué de sa propre insuffisance, accablé de sa faiblesse et de son malheur, il va demander et chercher secours et protection en dehors de l'humanité qui ne lui offre qu'impuissance et misère ; et, dans l'impossibilité de trouver autre chose, il va jusqu'à le supposer ; il se plaît à le rehausser, et s'efforce de se consoler par des illusions. Voilà l'origine de la Divinité et de la religion sur la terre ; voilà la révélation primitive qui la fit connaître premièrement aux hommes. Voilà pourquoi ils ont toujours eu et auront toujours une religion; car ils ont toujours été faibles, et toujours ils pourront être malheureux.

Dès lors le pouvoir de la religion s'étendit d'autant plus qu'il était imaginaire. Profitant de cette propension de l'homme à la crédulité et à la superstition, filles de sa misère et de son infortune, les premiers prêtres prétendirent que la religion était la science unique et l'unique pouvoir capable de pacification et de domination. Aussi tous les gouvernements primitifs furent-ils théocratiques. Les prêtres donnèrent un but à la vie ; ils le signalèrent dans un autre monde : ils formèrent un plan, tracèrent un chemin, s'érigèrent eux-mêmes en conducteurs. Tout fut vain, tout fut fictif, tout fut inefficace. Les maux et les misères de l'humanité augmentèrent toujours, tant qu'enfin les religions furent obligées de confesser leur insuffisance. Celle même qui s'est proclamée la seule vraie, a été forcée de déclarer que son empire n'est point de cette vie, et jamais les religions seules n'ont pu ni ne pourront guider, d'une manière satisfaisante, les sociétés de ce monde.

Ainsi il n'est pas jusqu'à la religion qui n'abandonne l'homme. Elle lui apprend qu'il est livré à lui-même; que ce n'est qu'en lui-même qu'il doit chercher et trouver un remède à ses maux; qu'il ne doit compter que sur sa raison; qu'il ne doit que par elle arriver à toute la perfection dont il peut être susceptible. Il faut accepter ce fait avec toutes ses conséquences; il faut le livrer tout à la raison : la raison est l'unique lumière, le guide unique que nous avons reçu de la nature. Mais si la raison et la vérité ne suffisent pas dans ce monde d'égarements et d'injustices, l'erreur, les fictions et le mensonge suffiront-ils jamais ?

Dès le principe l'homme connut sa situation par ses instincts. Il vit que, comme individu, il ne pouvait rien contre la multitude des maux qui l'environnaient, maux provenant de tant de désirs exclusifs, et alors il se réunit en société. Ce qu'un seul ne pourra pas, plusieurs le pourront, pensa-t-il, et il rencontra juste; ce que plusieurs ne pourront pas, tous le pourront, et ce que tous ne pourront pas, cela seul sera impossible.

Il fallut donc organiser cette masse informe de pouvoirs, de désirs, de passions. On reconnut l'inéfficacité des forces désordonnées et des croyances superstitieuses, et le besoin d'une force supérieure plus effective, qui, sautant aux yeux, contraignît par les faits chacun à se contenir dans les bornes salutaires du respect dû aux autres, assurât à tous la satisfaction paisible de leurs besoins et les préservât de leurs propres fureurs ; et alors se forma un pouvoir du pouvoir de tous. Ce fut l'ancre de salut des nations. La race humaine aurait peut-être disparu, ou elle vivrait perpétuellement en guerre, si elle n'eût imaginé un gouvernement.

Ainsi le gouvernement est la garantie de la paisible satisfaction des besoins de tous, le chef, l'âme du corps social, le seul guide que les sociétés ont choisi pour les conduire à travers les sentiers inconnus et périlleux des vicissitudes ; il est le symbole de l'ordre et du bonheur ; il est la force de tous ! Le jour où il sera en même temps et la force et la sagesse de l'universalité de ses membres, il sera tout ce qu'il pourra être.

Comme tous les moyens sont en son pouvoir,

parce que les gouvernés lui donnent tout ce qu'ils peuvent lui donner : personnes, fortune, intelligence, vie, il est seul responsable de tout ce qu'il ne saura point prévoir, éviter, vaincre et obtenir, et conséquemment la cause de presque tous les crimes, malheurs, vices des hommes, et de toutes les fautes de l'humanité.

En somme, le gouvernement c'est tout. Tout ce qui n'est pas lui n'est qu'un ensemble de moyens dont il devra ou ne devra point user, à volonté, pour remplir le sublime but de sa mission. Les religions même en ont reconnu l'importance, et elles lui ont abandonné le pouvoir de régir les individus, se réservant pour elles seules le droit de gouverner les âmes.

Aussi la science du gouvernement est-elle la plus difficile qui puisse occuper l'esprit humain. Pour diriger quelqu'un il faut savoir plus que celui qui est dirigé ; pour conduire beaucoup de personnes il faut savoir plus que toutes ; et cependant cette étude, cet enseignement, ce savoir a été un des plus déplorablement négligés.

Les peuples barbares méprisèrent cette science: les peuples savants de l'antiquité la portèrent, comme tout ce dont ils s'occupèrent, à une grande hauteur; les peuples modernes, à peine l'ont-ils effleurée : ils s'occupent bien plus de questions oiseuses et abstraites, que de celles qui sont importantes et matérielles, et donnent l'exemple insensé de dédaigner de se livrer à la recherche des moyens du meilleur bien-être dans ce monde, pour se livrer à des jouissances instantanées, ou à des excursions fantastiques dans les régions impossibles d'un autre monde.

Les peuples de l'Asie ont toujours cru qu'il n'y avait point d'autre bonheur que le luxe et les plaisirs des sens, et ils n'ont jamais eu que des Sardanapales, des Pharaons et des Sultans. Ceux de l'Afrique semblent incapables de sortir de l'éternelle barbarie à laquelle ils sont probablement condamnés; et on ignore encore ce que pourront devenir ceux de l'Amérique, nés d'hier au milieu des plus prodigieux éléments. Aujourd'hui l'histoire de ce monde-là commence à peine de cesser d'être un sanglant épisode de celle de l'autre.

L'Europe est la seule qui ne se soit point montrée indifférente à son propre sort. C'est elle qui a le mieux compris toute la valeur et toute la dignité de l'homme : elle n'a jamais vu un poste assez élevé pour l'y placer. C'est elle qui a fait le plus grand et le meilleur usage de ce don sublime qui nous divinise. Ni le pouvoir ni la fortune, ni la rigueur ni les plaisirs n'ont jamais abattu son esprit ; elle s'est toujours crue appelée aux plus hautes destinées, et avec ses peuples à grand caractère elle s'est jetée décidément à la recherche de ces destinées pour les atteindre et pour les obtenir en se les formant elle-même. Les Orientaux croyaient l'homme né seulement pour satisfaire ses appétits sensuels ; les Européens sentent qu'il y a une autre science plus noble, celle de les étendre à ceux de l'esprit, pour apprendre à augmenter ceux-là, à les régler et à les satisfaire.

L'Europe est la seule qui ait toujours porté ses regards avec le plus d'attention sur la science de son gouvernement ; la seule qui ne se soit jamais abandonnée à une confiance insensée dans les promesses incertaines de ses conducteurs ; elle les a toujours heurtés dans la coupable carrière de leurs instincts égarés, et elle a toujours manifesté un désir intelligent et vif de mettre un frein à ses gouvernants dans l'immense pouvoir qu'elle leur confie. On a toujours reconnu chez elle le principe du pouvoir populaire, et personne n'a jamais osé lui imposer, de son consentement, un gouvernement sans y faire participer les masses. ¡C'est seulement dans ce siècle, appelé siècle des lumières, qu'on est arrivé à contester la suprématie du peuple dans les nations de l'Europe.

Avec quelle vigueur, avec quelle grandeur, avec quel éclat, avec quelle sagesse elles firent les premiers pas dans l'histoire de leur vie! Les peuples de la Grèce étaient encore dans l'enfance, et ils produisirent ces éminentes républiques qui étonnèrent le monde par la grandeur de leurs hauts faits, et par la puissante combinaison de leurs structures. Vint ensuite Rome qui lutta cinq cents ans; et le peuple, avec son sang et avec des raisons, conquit un à un tous ses droits contre la tyrannie obstinée et orgueilleuse de ses patriciens. A Carthage même, lorsque les gouvernants étaient en dissentiment, on remettait l'autorité suprême aux mains du peuple.

Les conquérants barbares du nord ne reconnaissaient pas non plus de pouvoir plus grand que celui de la communauté, ni d'autre gouvernement que la démocratie, mais que la démocratie pure, la plus étendue qu'on ait jamais connue, celle où un homme seul avait *velo* sur tous, et où le dissentiment d'un seul suffisait pour empêcher une détermination. Le gouvernement absolu de ses rois, comtes ou barons n'était que militaire, passager, seulement pour le temps et pendant les événements de la guerre.

Mais ses guerres produisirent des conquêtes ; l'esclavage était le lot des vaincus, et l'on n'a point impunément des esclaves. Les rois, comtes et barons cherchèrent à transformer en tyrannie la démocratie la plus absolue, et ils y parvinrent en bien des endroits, en transformant leurs hommes libres en serfs, et égalant les vainqueurs aux vaincus, aidés par les circonstances et par toute espèce de ruses et de crimes. Ils prétendirent abaisser tout au niveau brutal de la conquête ; mais ils trouvèrent toujours une résistance noble et vigoureuse qui répandit le sang à flots, et qui maintient encore vivante et incessante cette lutte obstinée qui compte déjà vingt siècles et qui n'est point encore terminée.

Premièrement l'Italie seule soutint tout le poids de cette croisade terrible. Sa gloire sera immortelle. Jamais le pouvoir sauvage des conquérants du Nord ne gouverna paisiblement les destinées de sa péninsule ; en bien des endroits ils ne dominèrent jamais, et de toutes parts surgirent des états, des nations et des républiques qui se gouvernèrent par soi-même, qui déjouèrent à elles seules toutes les forces de la barbarie, et qui finirent par apprivoiser la férocité de ses enfants.

En Allemagne les rois dévastateurs ne trouvèrent point non plus une soumission facile qui pût les satisfaire : les peuples arrosèrent de sang leurs campagnes, mais ils conservèrent leurs anciennes libertés ; en plusieurs endroits ils se gouvernent encore par eux-mêmes, et ailleurs ils obéissent parce qu'on respecte leurs droits dans la partie la plus essentielle.

La Pologne donna l'exemple de la démocratie la plus étendue qu'on ait connue. En Angleterre et en France les rois s'endormirent aux perfides douceurs de l'adulation et de l'égoïsme, et ils se réveillèrent sur un échafaud aux cris insultants d'une populace effrénée. L'Espagne même, si elle a paru la plus oubliée, c'est parce qu'elle a laissé dormir les libertés de ses pères ; et ce n'est que dans les fangeuses obscurités de la Russie que n'a jamais brillé l'aurore de la liberté et des sciences.

Cependant presque toute cette Europe héroïque a été sur le point de succomber sous l'esclavage. A une lutte succédait une victoire ; mais à une victoire succédait une autre lutte : les gouvernements implacables abusaient du besoin de leur existence, et presque tous ses peuples, mêmes les plus éminents, ont été barbarement accablés,.... mais non vaincus. Après toutes les luttes, toutes les déroutes, tous les désastres, les intelligences surgissent d'entre les calamités mêmes : par l'oppression les instincts s'échauffent ; plus on écrase les populations, plus on demande les réformes ; les rois s'obstinent dans leurs voies de répression et d'injustice ; la multitude menaçante gronde, et les trônes chancèlent et les sociétés s'ébranlent jusque dans leur plus profondes racines.

L'Espagne, l'Italie, la Grèce, l'Allemagne, la France et l'Angleterre même, l'Amérique, tout le globe éclairé se lève aujourd'hui, tressaille et s'agite au cri impérieux des réformes sociales. Tous les états sentent qu'ils ne sont pas bien et qu'il y a nécessité d'être mieux. Tous luttent courageusement pour secouer la boue ensanglantée où les plongea la barbarie des siècles derniers. Tous savent qu'ils ont perdu injustement leurs droits, et qu'ils doivent les recouvrer; et ils se jettent aussitôt hardiment dans la lutte, et le pouvoir est immolé sans pitié par la multitude sur les autels de sa vengeance, au milieu de l'ivresse des orgies et du sanglant tumulte des soulèvements.

Les conquêtes populaires sont faciles; les masses peuvent par leur haleine seule étouffer le pouvoir, et à chaque pas, elles recouvrent dans un rassemblement toute leur puissance et tous leurs droits. Mais qu'en font-elles après?..... L'incertitude est le poison de l'actualité. Le courage ne fait point défaut, c'est la science qui manque. On connaît le mal, mais on ignore le remède. Cependant la maladie semble déjà être parvenue à son apogée, toucher à sa crise; et comme elle ne peut pas tuer, parce que les sociétés ne meurent point, c'est donc elle forcément qui doit être anéantie.

Cependant on ne connaît point encore l'antidote. En vain les grandes nations de l'un et de l'autre hémisphère s'offrent-elles pour modèles, faisant parade d'une apparence d'éclat et de bonheur ; comme le Diable de Châteaubriand, le long gémissement du paupérisme et le sourd gémissement de ses divisions intestines découvrent la plaie saignante qui les envenime. Aucune nation ne jouit d'un bien-être tranquille, prospère et sûr ; et après tant de siècles, tant d'épreuves coûteuses, et dant d'essais sanglants, on n'en découvre point la fin ; l'art de gouverner les hommes continue d'être un secret, et l'on va même jusqu'à douter, nous ne rougissons pas de le dire, s'il est possible d'unir la liberté à l'ordre. C'est encore le problème éternel de l'esprit humain ; il continue à être le thême difficile de ses assidues méditations, et la solution de ce problème sera le magnifique terme de tant de travaux.

Les hommes d'aujourd'hui le connaissent ; ils ne gémissent plus dans un honteux abattement :

les idées actuelles ne gisent plus stationnaires ;
elles ne s'arrêtent plus ; de toutes les révolutions,
de toutes les pensées nous avons tiré un résultat
important, d'une grande transcendance : la nécessité du progrès, par la raison toute simple, par
le principe trivial que, n'étant point parvenus
au but, nous ne pouvons y arriver qu'en mar-
chant en avant. Nous sommes convaincus de la
nécessité de marcher ; personne n'en doute, personne ne le nie ; mais on ne sait pas comment,
ni par où, et tel a crié, en avant, qui s'arrête tout
effrayé ; d'autres se jettent en aveugles dans des
précipices ; d'autres errent vaguement sans direction, sans chemin, désespérant presque d'en
trouver un ; quelques-uns même, croyant que le
plus connu est le plus sûr, cherchent à retourner
au passé.

De toutes les erreurs, de toutes les pensées,
cette dernière est la plus funeste, celle qui pré-
tend enchaîner l'humanité à une misère perpétuelle. N'a-t-on pas cinquante siècles qui nous
avertissent hautement que tous les sentiers battus
jusqu'à présent ont été faux, que toutes les doctrines ont été insuffisantes, que tous les guides

ont dirigé sans succès ? Nous ne sommes point au but, il faut marcher; marchons : mais ne retournons plus à ces voies connues, à ces faux guides qui nous ont égarés. Marchons lentement, avec prudence, pas à pas, si l'on veut; mais marchons dans un nouveau sentier, avec un nouveau guide, sans aucun bandeau de préjugés, les yeux libres, ouverts, avec la boussole de l'expérience, avec la doctrine et la lumière de la raison.

Si la science est l'expérience, cinq mille ans d'histoire offrent un bien riche trésor de faits, dont l'étude ne peut manquer de produire les plus féconds résultats. Examinons les histoires passées; étudions les philosophies, interrogeons les faits, faisons enquête de tout. Pourquoi les philosophes anciens ne trouvèrent-ils point le véritable sentier par où conduire les hommes ?

Un écrivain moderne et célèbre a dit que les civilisations passées ne parvinrent point à leur but parce qu'elles ne faisaient marcher qu'un principe isolé, et que la civilisation moderne en possédant tous les principes, et les faisant marcher de front, était celle qui pouvait atteindre le résultat.

Mais pourquoi les anciens ne firent-ils point

marcher tous les principes ensemble? Ils savaient tout et connaissaient tout; ils avaient les mêmes éléments; il ne leur en manquait qu'un, la plus grande succession des siècles. La science étant l'expérience, et n'ayant point assez expérimenté, ils manquaient de dates suffisantes pour mûrir une philosophie.

Les peuples, les intelligences même sont comme les hommes. Quand ils sont enfants, quoiqu'ils aient déjà tous leurs sens et toutes leurs facultés, à peine savent-ils en user; ils ne connaissent même pas les distances, jusqu'à ce que la pratique leur apprenne à les mesurer. Telle était la situation des anciens savants.

Ils avaient toute l'intelligence, toute la capacité dont l'homme peut être susceptible; mais ils n'avaient pas toutes ces dates qui s'acquièrent seulement par une longue expérience. Ils virent les maux qu'entraînait avec soi le désordre de l'état sauvage, et ils connurent qu'il fallait assujettir les hommes à une domination, à un ordre; mais ils ne savaient auquel, ni comment le chercher; car n'ayant point vu autre chose, ils ne pouvaient comparer, juger ni choisir.

Ils interrogèrent leurs sens ; car ils ne pouvaient interroger autre chose , n'ayant point encore de civilisation , la raison chez eux n'étant point encore développée. Ils voyaient que le meilleur remède pour le mal produit par l'excès de la lumière, c'était l'obscurité ; et ils crurent que pour le mal que produisait un gouvernement inerte et impuissant il n'y aurait aucun antidote meilleur que celui d'un gouvernement fort et actif.

Ils voyaient que plus le mal était grand , plus le remède devait être énergique ; que les maux violents de l'anarchie avaient besoin d'un pouvoir fort et d'une répression vigoureuse ; et ainsi ils se jetèrent dans l'autre extrême ; et ils créèrent et formèrent le pouvoir avec toute la force dont il était susceptible. Ils crurent que le peuple était une bête sauvage qu'il fallait enchaîner (c'était la philosophie des Orientaux) , et ils appelèrent à leur secours jusqu'à la superstition, et ils créèrent ces monarchies théocratiques qui comprimèrent les peuples de l'Asie dès les siècles primitifs. Dans ces monarchies il n'y avait d'autre voix que celles des rois , et les peuples passèrent ainsi par

les lois de leurs savants, de la démocratie primitive au despotisme des monarques.

La Grèce ne put se conformer à un système
semblable. Elle vit que ce système pendant plus
de deux mille ans n'avait appris aux Égyptiens
ni aux Orientaux qu'à embaumer leurs cadavres,
qu'à construire des pyramides avec leur sang, ser-
vant et mourant comme des esclaves et abrutis
dans l'adoration de leurs animaux immondes ; que
leur histoire n'était que le squelette de leurs dynasties, entachées du sang des conquêtes ou ver-
nissées par l'insolente ostentation de leurs despotes, et la Grèce reconnut qu'il fallait marcher
par un autre sentier plus noble et plus digne.

Ses sages alors étaient ces profonds penseurs
qui ont fait l'admiration des siècles ; ces colosses
d'intelligence qui, comme les géants de leurs fa-
bles, ne tentèrent rien moins que d'escalader le
dernier degré des avancements humains. Peut-
être le feraient-ils s'ils vivaient aujourd'hui ; mais
alors ce n'était pas possible. Ils possédaient tout
le savoir de l'homme ; mais il leur manquait
le savoir de l'expérience.

Cependant ils avaient deux dates pour s'appuyer

dans leurs recherches : la démocratie primitive, et la tyrannie asiatique. Ils connaissaient que toutes les deux étaient impuissantes, l'une par trop de force dans le gouvernement, l'autre par trop de liberté dans les gouvernés. Ils virent que la source de tous les maux provenait des passions des hommes; que dans les monarchies celles des rois, dans les démocraties celles des particuliers pervertissaient tout. Ils savaient que le moyen le plus sûr de faire cesser un effet, c'était d'en éteindre la cause, et par suite de ce même principe exagéré ils ne pensèrent pas à réprimer les passions, mais à les anéantir.

Ils ne voulurent point prendre l'homme tel qu'il est, pour le corriger; mais bien le former comme il devait être. Ils ne savaient pas que les affections naturelles sont inextinguibles; ils crurent que tout devait céder à la force de la loi, et ils n'entreprirent rien moins que de dompter et de vaincre la nature. Quelques-uns parvinrent jusqu'à se priver d'avoir des amis et des épouses pour ne point s'exposer à les perdre, faisant consister la philosophie dans l'extinction des affections (c'était la sagesse de la Grèce); et l'on créa ces

républiques difficiles , où l'on proscrivait l'ambition , la propriété , jusqu'à l'amour ; où toutes
les affections les plus naturelles de l'homme
étaient sacrifiées ; où l'on substituait la tyrannie
de la loi à celle de l'homme ; où le gouvernement
s'emparait du citoyen dès le berceau pour le former dans un moule inflexible , ces républiques
enfin qui ressemblaient plutôt à un vaste collége
où l'on ne sortait jamais de la plus rigoureuse tu-
telle que pour l'exercer avec la même sévérité
sur les autres.

De même que cet empirique qui , craignant les
mauvais effets de l'intempérie, défendrait par me-
sure d'hygiène de prendre le soleil ni l'air libre ;
de même les anciens ignoraient que l'homme
peut réprimer pendant un moment ses instincts
naturels , comme il peut rester quelques ins-
tants la tête en bas ; mais que promptement il
est forcé d'obéir aux lois immuables de la nature,
malgré tous les préceptes civils. Aussi ceux de ces
systèmes qu'on mit en pratique ne purent point
se soutenir longtemps , et les autres furent relé-
gués dans les régions idéales de l'utopie.

Malgré tout, ces systèmes étaient magnifiques,

et ils produisirent les résultats les plus brillants et les plus satisfaisants. Pendant longtemps on crut que c'étaient les uniques, et Rome et les peuples qui pensaient, tout le monde éclairé se nivela sur leurs préceptes. Cependant les conséquences ne manquaient point de faire reconnaître chez tous les peuples, plus tôt ou plus tard, leur pitoyable inefficacité. Les uns connaissaient enfin l'exagération de leurs principes et il les violaient ; comme Sparte qui crut que sans raison on lui défendait d'être riche, elle s'enrichit, et comme sa législation n'y était point préparée, elle fut perdue. Les Athéniens et les Romains se fatiguèrent aussi de l'héroïsme perpétuel qu'on exigeait d'eux par des lois implacablement exagérées, et ils tombèrent dans le vice contraire, la mollesse et l'oisiveté, et la tyrannie des Alexandre et des César leur devint nécessaire. Toujours les extrêmes, toujours les réactions, jamais le milieu de la raison.

Le moyen âge n'avança en rien ; alors il n'y eut point de savants ; les intelligences ne s'occupaient qu'à découvrir la civilisation enfouie. Celles qui commencent à se réveiller aujourd'hui, malgré la

prétendue excellence des constitutions représen-
tatives, ne trouvent rien de résolu : elles trouvent
la même lutte entre ceux qui commandent et ceux
qui obéissent ; la même incertitude pour se conduire les uns et les autres, et, ce qui est pire, les
mêmes prétentions exagérées. On connaît nos
maux, mais pour les guérir on n'a que les mêmes
remèdes, les mêmes démocraties, les mêmes aris-
tocraties, le même communisme, le même abso-
lutisme, les mêmes utopies ou les mêmes systèmes que nous avons déjà vu impossibles ou inef-
ficaces.

En matière de religion on ne trouve point de
terme moyen entre la superstition et l'athéisme ;
et au culte de la raison de Robespierre, nous
voyons menacer la succession des pratiques jésui-
tiques et les théories sophistiques de toute cette
métaphysique incompréhensible, qui a tant fait
délirer de cerveaux. Dans la littérature même, on
ne put secouer les chaînes du classicisme que par
l'anarchique débordement du romantisme ; et enfin, pour corriger les grands abus sociaux qui sont
encore permanents, on ne parle que de destruc-
tions radicales qui agitent et bouleversent les so-

ciétés jusque dans leurs fondements. Il est vrai
que la résistance aiguillonne ces instincts ; mais
ces instincts fortifient les résistances. Plus chacun
s'approche de l'extrème qu'il désire, plus il s'é-
loigne de l'autre. Si on y touche en fuyant préci-
pitamment, le choc en sera impétueux ; c'est seulement en s'approchant du milieu qu'on pourra
s'entendre.

Jusqu'à présent, les peuples ont eu besoin d'arracher par la violence les réformes de leurs gouvernants. Et si cela suffisait... on tiendrait pour
bien heureux le sang répandu qui affirmerait le
progrès des réformes bienfaisantes. Mais il ne
suffit pas : après les révolutions viennent les abus,
de même qu'après les abus viennent les révolutions. Ce chemin est funeste et inefficace, parce
qu'on n'a rien de sûr à substituer. On détruit un
mauvais gouvernement, et on en établit un pire.
Il en faut un qui satisfasse à toutes les exigences
justes, un où l'abus devienne impossible et les
réformes obligatoires, afin que les révolutions
deviennent inutiles.

On n'a point encore trouvé ce secret, il est
vrai ; voilà pourquoi nous devons le chercher, et

peut-être en possédons-nous déjà tous les éléments. A présent nous n'avons plus l'excuse des anciens, lesquels manquaient de précédents. Nous autres, nous ne sommes point nés d'hier : tant de générations dévorées, tant de royaumes détruits, tant d'essais frustrés, tant de sagesse, tant de déceptions, tant de sang, tant de malheurs... Oh ! un monde qui a tant souffert et tant combattu ne peut point être dans l'enfance.

L'Égypte et l'Orient ne pouvaient prendre exemple que sur eux-mêmes ; la Grèce n'eut que celui de l'Égypte ; Rome celui de l'Égypte et celui de la Grèce ; mais nous autres nous avons celui de l'Égypte, celui de la Grèce, celui de Rome, celui très-fécond du moyen âge avec ses démocraties, son feudalisme, ses monarchies, ses gouvernements de toutes classes et de toutes couleurs, et en dernier ressort l'imprimerie, ce levier merveilleux de l'âge actuel, destiné à devenir le vrai pouvoir des sociétés modernes ; cette tribune magique du haut de laquelle le savant, sans abandonner son fauteuil, peut prêcher et se faire entendre de tous les peuples civilisés ; enfin cette puissance inconnue aux anciens, laquelle nous élevant sur le passé, et nous plaçant devant le miroir du monde, fait réfléter devant les yeux toutes les histoires et toutes les philosophies.

Ainsi donc aujourd'hui nous ne sommes plus égaux, nous sommes supérieurs aux anciens; nous n'avons point de têtes mieux organisées, mais nous avons plus de livres; nous n'avons pas plus d'intelligence propre, mais nous en avons plus d'empruntée; nous sommes plus savants que tous ceux qui nous ont précédés. Le vieillard est plus sage que l'enfant, parce qu'il est plus âgé; nous autres, nous avons l'âge de cent cinquante générations. Un homme aujourd'hui peut savoir dans un jour ce qui coûta à un sage une vie entière de laborieuses recherches. Aujourd'hui dans une vie on peut apprendre, du moins sur une matière, tout ce qui a été su par tous ceux qui nous ont précédés.

L'imprimerie, avec son pouvoir tout-puissant, présente tout dans une carte, dans un tableau où l'on voit à vue d'aigle tout le parcours de l'humanité depuis la création des êtres; où l'on voit, où l'on distingue et où l'on peut montrer du doigt tous les sentiers battus, tous les obstacles vaineus, et tous les dangers où l'on a échoué. Si la science est l'expérience, c'est là, dans ce tableau, dans cette histoire, source et mère de toutes les connaissances de l'homme, que l'on doit chercher, et que l'on doit précisément trouver tout ce qui peut servir à la solution du problème sublime. Là observant attentivement par où ont marché les nations dans leur bonheur, où elles se sont heurtées, arrêtées, et où elles ont failli, on apprendra sûrement à connaître et à marcher seulement dans le bon sentier, à fuir les écueils, à éviter les précipices, et enfin à arriver au but possible des prétentions humaines.

Mais il ne suffit point de chercher; il faut chercher avec discernement, éviter les causes qui ont empêché les autres de trouver aussi ce qu'ils cherchaient; fuir ces extrêmes exagérés qui les perdirent dans de faux sentiers, et tâcher de suivre seulement celui de la raison, sans jamais abandonner la vraie lumière de l'expérience. Il faut ne point se laisser séduire par un système parce qu'il est beau; on doit en exiger qu'il soit réalisable, et surtout durable. Pour qu'il soit beau, il suffit seulement de belles doctrines, lesquelles pourraient créer, pour un moment, des républiques de peu de durée ; mais pour qu'elles deviennent réalisables et durables, il faut qu'elles ne heurtent point ni ne contrarient point les instincts immuables de l'homme.

Le système de gouvernement qui devra remplacer avec succès les systèmes actuels, doit prendre les sociétés comme elles sont, avec leurs intérêts créés et leurs habitudes vieillies ; car il ne s'agit point de former des colonies, mais de régir des sociétés formées, et l'on ne vieillit que dans une vie naturelle et simple. Il ne faut point recourir à ces transformations essentielles qui bouleversent, changent ou compriment la nature humaine ; il faut accepter les hommes tels qu'ils sont, tels qu'ils ont été, et tels qu'ils ne peuvent point manquer d'être, avec toutes leurs passions, filles de leur propre nature ; il faut rectifier ces passions, les diriger, en profiter, les modérer, leur donner un nouveau cours, ou en dernier ressort les réprimer ou les châtier, mais ne point vouloir éteindre ce qui est inextinguible, car cela n'est point des facultés humaines.

Que l'on évite soigneusement toute réaction,

tout principe extrême et exagéré ! Que ce ne soit
point parce que le despotisme est détestable qu'on
proscrive les monarques ; que ce ne soit point non
plus pour ce qu'il y a de pernicieux dans la démocratie, qu'on étouffe la voix des peuples, ni
pour ce qu'il y a de funeste dans les passions,
qu'on veuille façonner des hommes sans elles.
Que l'on prenne enfin tous les éléments insépara-
bles de la nature, et les faisant passer au creuset
de l'inflexible raison, on en forme de tous cette
unité compacte, douce et forte, laquelle puisse
servir pour unir avec prospérité et éternellement
les sociétés humaines.

Tous les gouvernements actuels demandent à
haute voix un système où ils puissent se constituer, et qui les contienne dans la pente ou les
retire de l'abîme où ils se sont précipités : ils
s'agitent en des convulsions mortelles ; le sang
des gouvernants et des gouvernés coule dans les
champs, dans les rues et dans les supplices : l'a-
gonie est générale, prolongée et terrible, et il
faut un remède prompt, énergique et sûr. Il faut
un système qui puisse s'appliquer aujourd'hui
avec succès à toutes ces nations malades qui, dans

les angoisses désespérées de leur cancer pro-
gressif, déchirent pitoyablement leurs propres
entrailles, tournant leur fureur contre elles-
mêmes.

Il ne suffit point de la théorie du remède, il
faut trouver et proposer le moyen de mettre ce
remède en pratique. Les penseurs modernes déchirent hardiment le bandeau et découvrent et
voient la lumière ; ils reconnaissent que la démocratie est la vérité, la raison ; ils voient les incli-
nations décidées de l'opinion et des intelligences,
et ils prophétisent l'inévitable avenir de son empire. Les principes démocratiques triompheront
infailliblement, tous les philosophes actuels les
reconnaissent, il les respectent et les bénissent ;
mais comment les mettre en pratique ? Aujour-
d'hui les délibérations populaires de la Grèce, de
Rome et du moyen âge seraient-elles possibles et
convenables ? Suffira-t-il de la stérile proclama-
tion de la souveraineté du peuple que font, comme
par dérision, quelques institutions européennes ?
Voilà ce qu'il importe de trouver. La théorie est
reconnue, il faut la pratique. On sait que les masses sont la puissance ; mais doit-on exercer ce

pouvoir! Comment? Par qui? Dans quel cas? C'est le manque de ces formules qui tient les peuples enchaînés, et les actions en suspens. Les peuples commencent à savoir qu'ils sont souverains ; mais ils ne savent pas comment se constituer ; ils savent qu'ils ont le pouvoir, mais ils ne savent pas comment l'exercer. Ils se révolutionnent, ils le recouvrent..... et ils abdiquent, car ils ne savent qu'en faire.

Il faut formuler un système qui lève tous ces doutes, qui calme toutes ces anxiétés et qui pourvoie à tous les besoins ; qui contienne le pouvoir des gouvernants, qui arrête les ambitions, qui cautérise le cancer du paupérisme et qui tende au nivellement des fortunes, qui moralise les peuples, qui neutralise cette action terrible qu'ont toujours sous la main contre leurs gouvernements les peuples malheureux ; enfin un système où la prospérité générale soit forcée, l'abus impossible, et les révolutions inutiles. Il faut le présenter en gros aux instincts des masses, afin qu'elles puissent s'en emparer, et qu'aidées par les intelligences, elles puissent s'en former une opinion irrésistible, le faire triompher, l'élever, le garder et le défendre comme l'ancre de salut de leurs futures félicités. Tel est l'objet des recherches suivantes.

Ces recherches ne contiendront que des pensées générales, de ces idées indispensables pour servir de base à la constitution politique des états, de ces pensées qui sauvent, de ces garanties inaliénables ; car c'est ce qui manque, et c'est assez ; le reste sera l'objet d'une législation qui les développera.

Le style, par son laconisme, paraîtra sentencieux ; car en omettant des discours qui fatiguent, on présente seulement des résultats de longues méditations. L'idée n'est point d'aider à penser, mais de présenter la pensée déjà formée, de fixer des principes triviaux et d'en tirer les conséquences. On n'a donc aucune prétention au dogme. Ce ne sont que des pensées. Si elles peuvent ramener les intelligences à la discussion dans ce champ magnifique et abandonné, le but sera pleinement atteint.

PENSÉES.

PHILOSOPHIE.

La philosophie, c'est la science de la vérité ; la science, c'est l'expérience ; l'expérience, c'est la série des faits ; la métaphysique n'ayant point de faits, n'est donc point une science.

Une vérité, c'est ce qui peut se prouver par des faits ; la métaphysique n'a point de faits, point de vérités, point de philosophie.

Ce qui ne rentre point dans la philosophie ne doit jamais occuper les hommes qui pensent.

Les causes premières sont un problème inaccessible à l'intelligence humaine ; ceux qui entreprennent de le résoudre ne sont que des présomptueux qui préfèrent délirer autour de l'impossible, plutôt que d'avouer leur ignorance et leur impuissance.

La métaphysique est un mystère. L'imagination active et insatiable de l'homme n'admet point de mystères. Il croit que sa faible intelligence peut tout embrasser et tout comprendre, et à défaut de raisonnement, il cherche à deviner. L'intelligence de l'homme n'atteint point à la divination.

L'homme ne connaît d'autre vie que celle où il existe. Il vit plus ou moins bien selon le gouvernement qui régit la société dont il fait partie; donc la science de gouverner et de conduire les hommes est la plus importante. La philosophie politique est la philosophie par excellence.

GOUVERNEMENTS.

On peut réduire les systèmes de gouvernements qui peuvent régir les nations à trois ;

Le premier est celui où les peuples se régissent par eux-mêmes ;

Le second, celui où les peuples sont gouvernés par un pouvoir absolu et irresponsable ;

Le troisième, celui où ce pouvoir est restreint, modéré ou contrebalancé par un ou plusieurs autres pouvoirs.

Le premier est plus naturel ; le second, plus fort ; le troisième, plus sage.

Quand les hordes ou tribus sont errantes dans

les forêts sauvages, elles ne connaissent que le premier; la guerre et les périls annoncent et rendent nécessaire le second; le troisième est le fruit de la combinaison et de l'expérience.

Les sociétés modernes ne se trouvent point dans leur état naturel et primitif, mais elles conservent leurs droits, lesquels pour avoir été usurpés ne se sont cependant point perdus. La guerre n'est point leur état normal, mais à chaque pas de grands dangers les environnent. Il n'en est point encore sorti une combinaison satisfaisante, mais des éléments existent.

L'école sanglante de cinquante siècles de malheurs est en recherche à la lueur du flambeau de l'expérience, et de cette recherche la combinaison qui amalgamera le mieux les deux principes, celui de la nature et celui de la force, sera celle qui régira définitivement les sociétés civilisées.

QUEL EST LE MEILLEUR GOUVERNEMENT ?

Le meilleur système de gouvernement sera celui qui fera le bien-être du plus grand nombre, et qui l'assurera pour plus de temps.

L'analyse de tous démontrera s'il y en a un parmi ceux qui sont connus, qui remplisse les deux conditions, et s'il peut en exister un capable de les remplir.

DÉMOCRATIE.

SON ORIGINE.

La démocratie ou le gouvernement du peuple par lui-même, est le système de gouvernement le plus naturel, car il est imposé par la nature.

Dans l'état naturel et primitif, il n'y a d'autre supériorité que celle de la force.

Celle de l'intelligence est postérieure, et on ne la tolère que par convenance, comme on tolère par nécessité celle de la force ; la supériorité naturelle est la seule vraie, la seule donc que l'on soit forcé de reconnaître.

L'homme sorti de la dépendance paternelle que

lui impose la faiblesse de l'enfance, est égal à tous les autres.

Quand bien même les hommes ne seraient point égaux en force, ils le sont en droits; car ils ont les mêmes besoins, et le besoin est la base de tous les droits.

Un individu peut être plus fort qu'un autre, mais non plus fort que tous; par conséquent nul n'a de supériorité sur les autres; personne n'a le droit de commander à la communauté; la communauté seule résume toute la force, tout le pouvoir, tout le droit.

Ce droit restera éternel, tant qu'il n'apparaîtra point une race supérieure à la race humaine; imprescriptible, car aucune loi civile ne l'ayant donné, aucune loi civile ne pourra l'enlever.

Dans l'enfance des sociétés chacun gouverne sa famille, en tant qu'il est le plus fort. Lorsque chacun des enfants se sent d'égales facultés, il se sépare de la famille et en forme une autre qu'il gouverne à son tour. Quand une chose doit être faite entre égaux, tous délibèrent et décident ; celui qui ne veut point s'y conformer se sépare de la tribu, ou bien il se soumet à l'empire des autres, et la volonté générale est l'unique loi reconnue.

SES AVANTAGES.

La science s'empara de ces principes. Comme ils étaient naturels, ils devinrent la base de toutes les combinaisons, et de là sortirent ces démocraties anciennes qui jetèrent dans la balance un contre-poids si puissant et de si bon aloi, qu'elles auraient décidé la question en leur faveur, si elles avaient pu opposer une plus forte résistance à l'action des passions et des siècles.

Ier.

ÉLÉVATION DE LA DIGNITÉ D'HOMME.

Jamais gouvernement ne porta l'humanité au degré d'élévation que lui donna la démocratie. Jamais la dignité de l'homme ne brilla avec plus de splendeur. C'est là que l'homme a sa véritable valeur; là qu'il est une partie intégrante du corps social ; là qu'il conserve sa part de vie, de pouvoir, d'action, de grandeur et de souveraineté.

L'histoire de l'humanité ne connaît point et ne pourra peut-être jamais créer de type plus beau et plus grandiose que celui des Grecs et des Romains au temps où ils vivaient en république. Dans la chaîne des êtres, ils sont le premier anneau après la Divinité.

L'individualité du guerrier au moyen âge, c'était la supériorité animale et seulement celle de la force ; mais apparaissait-il une force supérieure, tout était sacrifié à son inclémence.

L'individualité des anciens républicains, c'était la supériorité de l'homme, la supériorité et du corps et de l'esprit, la supériorité intelligente, la supériorité fondée sur l'intime conscience de la vraie valeur de l'homme. Le globe entier pesait sur ces républiques, et tout le poids du globe ne pouvait les ébranler.

Ne fût-ce même que sous ce point de vue, les

gouvernements populaires auront toujours les
sympathies des hommes hautement constitués.

IIe.

Il excite, encourage et développe les nobles
ambitions, car les portes du pouvoir et de l'honneur ne s'ouvrent qu'au mérite ; et comme la
communauté est l'unique dispensatrice des honneurs et de la gloire, celle-ci est plus grande, et
la distribution plus juste.

IIIe.

Les démocraties sont aussi celles qui ont donné
et peuvent donner l'exemple de la plus grande
égalité générale, du bien-être le plus répandu, du
plus grand et du meilleur nivellement social ; car
c'est le peuple qui se commande et qui adminis-
tre, et personne n'est plus attaché à ses intérêts
que soi-même.

C'est encore là qu'il y a le moins de priviléges, le moins de riches, et que l'on tolère le moins les inégalités.

Les démocraties, comme celle de Sparte, sont les seules qui ont donné l'exemple de la véritable égalité sociale, qui est celle des fortunes. Ce sont les seules qui ont fait le véritable bien-être de toute la communauté.

IVᵉ.

Les démocraties sont on ne peut plus puissantes ; car elles représentent la volonté et la force de tous.

Aussi pour les dominer faut-il les anéantir, en effacer les lois, afin que le gouvernement ne soit plus démocratique.

Les Perses et les Macédoniens attaquèrent bien plus les lois que les armes de la Grèce.

Les Romains ne la vainquirent définitivement qu'après avoir détruit les premières.

Quand on ne tue point la démocratie, il faut détruire le peuple, comme à Carthage. Les démocraties sont invincibles.

V.

En somme, l'excellence de la démocratie est telle qu'elle ne peut jamais être injuste. Le peuple se gouverne par lui-même, et personne ne peut être injuste envers soi-même.

Aussi les démocraties peuvent-elles remplir, et cela d'une manière complète peut-être, la première condition d'un bon gouvernement, qui est celle de faire le bien-être du plus grand nombre d'individus.

SES VICES.

1er.

LE DESPOTISME.

Les démocraties ne restreignent point le pouvoir des masses, et celles-ci réunissent en soi tous les pouvoirs. Elles établissent des lois, elles jugent et exécutent.

Quand la souveraineté n'a ni borne ni responsabilité, c'est le despotisme.

Quand un homme ou une corporation constitue le despote, ils peuvent être arrêtés par la crainte du peuple qui est le plus fort.

Si le peuple est le despote, il n'y a rien qui puisse le contenir.

Si dans ce même peuple il y a des masses de

prolétaires et des hommes sans éducation, ses fureurs ont coutume d'être brutales.

IIe.

La démocratie fait déborder les ambitions et elle ne sait point les contenir.

Elle fait déborder les ambitions ; car pour parvenir au pouvoir il ne faut que la volonté du peuple.

En général, le peuple n'a d'autre règle pour faire parvenir au pouvoir que le mérite ; mais la graduation du mérite n'a d'autre règle que sa volonté.

Aussi l'unique désir est-il de gagner cette volonté ; de là naissent l'usurpation et les factions.

L'usurpation dans les démocraties est d'autant plus à craindre que presque toujours elle naît du mérite.

Comme le peuple ne peut pas toujours commander, il est obligé d'abandonner à un autre une grande partie de son autorité. Aussi la démocratie n'est-elle point ordinairement le gouvernement du peuple, mais bien de celui qui peut gouverner avec son consentement. C'est pour cela que toutes les démocraties ont été commandées par des hommes supérieurs.

Sous cette forme de gouvernement, celui qui sait commander est obéi ; celui qui sait qu'il doit être obéi, usurpe.

Aussi toutes les démocraties ont-elles eu des usurpateurs.

Presque toujours ce furent des hommes éminents, mais des usurpateurs.

L'usurpation c'est l'abus ; l'abus c'est l'illégalité ; l'illégalité c'est la mort des gouvernements.

———

Les ambitieux contrariés par d'autres ambitieux en appellent au peuple : de là les factions.

Comme les factions ne peuvent vaincre qu'avec l'aide du peuple (car le peuple est l'arbitre de tout), chaque factieux cherche à l'attirer dans son parti.

De là les caresses et les flatteries qui le corrompent, comme en Grèce ; et les guerres intestines qui le déchirent, comme à Rome.

Ainsi donc, les factions égarent l'opinion publique, et convertissent le peuple en un instrument de leurs passions, l'état en un champ-clos immoral et même sanglant, lequel finit par la dégradation et la mort.

L'arrivée au pouvoir doit dépendre d'une chose plus ferme que la simple volonté des hommes.

IIIe.

MANQUE DE PRESTIGE DANS LES GOUVERNANTS.

Le peuple ne peut point gouverner, car il

faut que le gouvernement soit permanent, et les masses ne peuvent se constituer en gouvernement perpétuel, car elles ont d'autres devoirs urgents à remplir.

Aussi les démocraties se reposent de ce soin sur leurs magistrats qui gouvernent par le plein consentement du peuple ou par son conseil.

La méfiance des démocraties veut que le nombre de ces magistrats soit de plus d'un, qu'ils sortent du peuple, qu'ils exercent leurs fonctions dans un temps limité, et qu'ils rentrent dans ce peuple d'où ils sont sortis.

De là les ambitions toujours vives, et le désir illégal de se perpétuer au pouvoir.

De là les combats du mérite et les ambitions.

De là le manque de prestige, qui n'est que le manque de respect envers une autorité qui ne peut se rendre stable.

La magistrature passagère du mérite, dépendant du caprice des hommes, n'est point toujours un titre suffisant au respect.

Il faut quelque chose de plus élevé, où ne puisse atteindre la fureur des ambitions.

IVe.

La démocratie accoutume le peuple à la vie de la place publique.

V^e.

Ceci devient impossible dans les états étendus.

VIe.

Elle détourne l'individu des soins domestiques et met ces derniers en guerre avec les soins publics.

Du moment qu'il y a une société à régir, et des intérêts à concilier, alors commencent aussi

à se compliquer les attentions du gouvernement:
plus elles se compliquent, plus il faut d'intelligence dans les gouvernants, une instruction plus
étendue de toutes les circonstances, de tous les
besoins et de tous les moyens, et une application
assidue à l'étude et à la connaissance des affaires.

Les masses sont susceptibles de toute l'intelligence, de toute la capacité et de toute l'aptitude nécessaires pour déterminer avec justesse
en tout ce qui les concerne; mais elles n'ont
pas le temps suffisant pour acquérir toute cette
instruction étendue que demande la connaissance
des affaires.

Elles ne peuvent pas s'instruire par elles-
mêmes, il faut qu'elles se fassent instruire par
d'autres, et dès lors la détermination à prendre
dépend déjà de l'instruction; l'instructeur est le
véritable gouvernement; dès lors le principe se
falsifie, et ce n'est plus le gouvernement des
masses.

En outre, le principal objet qui porte les

hommes à se réunir en société, le plus précieux bienfait qu'ils en exigent, c'est de pouvoir se consacrer en paix et avec pleine liberté aux doux soins de la subsistance particulière, ainsi qu'à ceux de la famille.

Voilà la première attention, la plus urgente nécessité, le devoir le plus obligatoire, le plus sacré et celui que l'homme remplit le plus volontiers. Tout le reste devient secondaire, il en fait moins de cas, il l'oublie, et même s'il le faut il le sacrifie à ce besoin impérieux.

Il ne prendra part aux affaires générales que lorsque ses intérêts particuliers le lui permettront; sinon, il les abandonnera sans rémission et donnera lieu à l'usurpation. Pourvu seulement que l'usurpateur respecte cette propension, l'usurpation se consomme. Aussi toutes les démocraties l'ont-elles tolérée, et dans certaines occasions se sont mieux trouvées de l'usurpation de leurs droits.

Pour cela même les démocraties pures sont les

plus éphémères. Elles portent dans leur sein, et cela dès leur naissance, le germe de leur mort ; elles n'ont apparu dans les siècles que comme des météores brillants qu'on regarde une fois, et qui ont déjà disparu lorsqu'on veut les chercher de nouveau.

RÉSUMÉ.

La démocratie ne peut jamais être injuste, car c'est le gouvernement par soi-même.

Elle élève l'homme à sa véritable valeur, à sa véritable hauteur.

C'est des gouvernements le plus propre à faire le bien-être et à rendre l'égalité générale.

La démocratie est puissante et excite les nobles ambitions.

Mais la démocratie, telle qu'elle a été connue jusqu'à présent, n'a pu contenir les ambitions.

Elle dépouille les autorités de leur prestige.

Elle déchaîne le pouvoir des masses.

Elle accoutume le peuple à une vie oisive.

Elle serait impossible dans les états étendus.

Et elle ne pourrait être durable ; car son existence est en guerre ouverte avec les plus doux et les plus impérieux devoirs de l'homme.

MONARCHIE ABSOLUE.

SON ORIGINE.

Les moyens les plus faciles, dans l'état de nature, de pourvoir à la subsistance, sont le dépouillement et la mort.

Une horde épuise les fruits d'un terrain, et elle cherche à s'emparer de celui du voisin; ou bien elle se voit menacée à son tour, et il faut que la tribu se défende ou qu'elle émigre, et déjà le besoin d'un gouvernement se fait sentir.

Le péril exige une délibération prompte et une exécution énergique et bien dirigée. Les hommes savent bien que la délibération de tous ne peut être prompte, parce que c'est celle de beaucoup;

qu'elle sera d'autant plus prompte qu'elle sera plus concentrée, et on la concentre sur un seul. Ils reconnaissent que la direction exige plus d'énergie et plus de savoir, et ils élisent le plus apte. Aussi les premiers conducteurs des peuples ont-ils été uniques et supérieurs aux autres hommes.

Comme à la guerre tous les dangers sont éminents, comme l'enjeu est toujours la vie pour la mort, les chefs sont absolus, maîtres arbitraires des actions, de la vie et des fortunes. Aussi tous les commandements d'un seul ont-ils été despotiques.

Ce fait ne peut pas manquer d'être fécond en résultats. Un homme qui pourra et en même temps saura disposer de la volonté et de la force de tous, comme de celle d'un seul, fera beaucoup. Alors tous les exploits de l'homme se réduisent à se battre et à dépouiller. Aussi le premier résultat sera-t-il le butin et la conquête.

La cause cessant, l'effet devrait également

cesser. Le danger ayant disparu et le but étant atteint, le pouvoir du chef cesse et la société devait
retourner à son état primitif; mais le premier pas
étant satisfaisant invite à recommencer. Alors
à chaque instant la société peut se trouver en
danger, et l'homme qui sait la mener à l'abon-
dance et à la victoire conservera facilement le
commandement.

La guerre est l'état habituel des sociétés pri-
mitives, et la guerre et les dangers établirent en
tous lieux le gouvernement d'un seul.

Une fois la guerre terminée, les peuples à grand
caractère disputent à l'usurpation leurs droits démocratiques; les autres préfèrent ordinairement
le repos calme de la servitude à l'activité et aux
privations de la liberté. Aussi la guerre établit-
elle le despotisme, et l'oisiveté et l'apathie le sanc-
tionnent et l'éternisent.

SES AVANTAGES.

Ier.

L'UNITÉ.

Le principal secret de la durée de ces gouvernements consiste dans la rigoureuse unité de leur structure.

Rien ne peut exister dans la nature ni être durable sans l'unité. Les membres les plus beaux et les plus forts, une fois désunis, ne composent plus rien, ne valent plus rien, ne signifient plus rien, ne peuvent point avoir de vie. Un corps vivant avec de l'intelligence vaut mieux, les membres n'en fussent-ils point beaux, et même fussent-ils imparfaits.

Le gouvernement absolu d'un seul possède cette qualité au suprême degré. Ce n'est point un corps formé de membres distincts, c'est un corps d'un seul membre, si homogène, si compacte, si indissoluble, qu'il est immortel. Les révolutions le blessent, le maltraitent, l'amortissent ; mais elles ne le tuent jamais, ou si cela arrive, comme le phénix il renaît de ses cendres. Une fois la rafale de l'ouragan passée, il reparaît toujours ; et les gouvernements d'un seul sont toujours ceux qui ont succédé à tous les empires, à toutes les révolutions, à toutes les républiques, à toutes les anarchies.

IIe.

L'ordre est la base la plus essentielle des sociétés humaines ; la conservation de l'ordre est la première qualité, le premier produit du gouvernement fort d'un seul, et une des garanties les plus sûres de sa stabilité.

IIIe.

Il est bien plus facile d'obéir que de commander ; la vie domestique est plus commode que la vie publique. C'est un autre secret de la perpétuité des gouvernements despotiques.

Une fois la guerre terminée, tout le monde désire le repos du foyer domestique, et pourvu qu'on y laisse reposer tranquillement, on ne se refuse point à perpétuer le commandement dans la personne de l'ancien chef.

Ce sont des besoins et des instincts de la nature. Voilà pourquoi les gouvernements absolus d'un seul ont été plus communs, plus durables. On les voit toujours étendus, dominant presque toute la surface du globe.

Il semble que la monarchie pure puisse remplir les deux conditions d'un bon gouvernement, parce qu'il peut faire le bien-être d'un grand nombre d'individus, et qu'il a des garanties d'une durée éternelle, mais il n'en remplit aucune.

SES VICES.

Ier.

LE DESPOTISME.

Dans la monarchie pure, le monarque résume tous les pouvoirs; la réunion de tous les pouvoirs produit l'irresponsabilité; l'irresponsabilité ou le despotisme est la source de tous les maux.

———

Le despote ne fait point tout le bien qu'il pourrait; il n'assure nullement celui qu'il procure.

———

Il ne fait point tout le bien qu'il pourrait, car il n'a nul intérêt à faire le bonheur de ses vassaux, et personne ne peut lui demander compte du mal qu'il fera, ni du bien qu'il manquera de faire.

———

Il se trouve tellement élevé au-dessus des autres, que le reste des hommes n'est rien pour lui. Il est le tout, et tous ses désirs, toutes ses espé-

rances, tous ses efforts se réduisent à se conserver dans cette position.

De là le premier résultat, comme conséquence,
c'est l'orgueil et l'insolence du despote, l'abandon
et la dégradation des autres.

On a dit que les Anglais ne furent jamais plus
heureux que sous Henry VIII. Effectivement,
sous les gouvernements absolus, les hommes
peuvent jouir de ce bonheur qui consiste en ce
qu'on ne leur fassepoint de mal, soit par mépris,
soit par oubli.

Mais ils ne jouissent jamais de ce bonheur,
seul digne de l'homme, lequel consiste dans le
respect de ses droits.

Sous un gouvernement absolu, le bien départi
aux hommes par le monarque ressemble à celui
du fermier envers son bétail, ou à celui du maitre
envers ses esclaves, à cause de l'utilité qu'ils
trouvent à ne point les détruire, ou du mécompte
qu'ils éprouveraient en agissant différemment.

Mettez l'intérêt du tyran dans la balance avec le bien-être, et même jusqu'au sang des vassaux, et vous verrez de quel côté elle penchera.

Un gouvernement qui peut faire le bien-être d'une génération et encore plus facilement le malheur de plusieurs, ne doit point suffire à l'humanité.

Il n'assure nullement le bien qu'il peut faire : car si un monarque est bon, son successeur peut être mauvais, et le peuple n'a d'autre ressource légitime que la résignation.

IIe.

Il empêche que le monarque acquière aucune espèce de vertus civiques ; car ni lui ni ceux qui l'élèvent n'ont intérêt à ce qu'il en ait.

Les monarques étant héréditaires, et leur pouvoir venant du ciel ou de la naissance ou de causes indépendantes de leur mérite, ils gouver-

neront, et ce, quand bien même ils ne le méri-
teraient pas.

De quelque manière que ce soit, ils conservent
leur droit; leur éducation est négligée, et sans
éducation politique il ne peut y avoir de bons
gouvernants.

III.

Parvinssent-ils même à acquérir des vertus civiques, et eussent-ils de bonnes intentions et de
bons désirs, ils ne peuvent ni les exercer ni les
remplir, parce qu'un homme seul ne peut ni tout
voir ni tout savoir. Il est forcé de voir et de savoir par les yeux et par l'entremise d'autrui,
et tous les moyens sont viciés.

Ad exemplum regis totum componitur regnum.
Comme il est bien facile que le roi abuse constamment de son pouvoir, tous les autres abusent
aussi du leur.

L'abus ne vivant que dans les ténèbres, tout le

monde est intéressé à se taire. Aussi personne ne sait-il ce que le roi veut faire qu'au moment même où il le fait; et lui, il ne sait jamais que ce qu'on veut qu'il sache. Ignorant les abus, il ne peut ni les détruire ni les punir.

Comme il ne respecte point les lois, personne ne les respecte. L'Espagne et la Russie ont de bonnes lois dans leurs codes : aucune n'est exécutée; aucun pays n'a été plus mal gouverné.

IVe.

Le secret est la source de tous les abus; c'est l'axe des gouvernements despotiques.

Le despote craint la publicité, car elle découvrirait ses excès. Aussi pour couvrir les siens se prive-t-il de connaître ceux des autres.

V^e.

Le despotisme réprime les ambitions justes, en

les étouffant à leur naissance, et donne un libre cours à celles injustes.

L'unique loi étant la volonté du monarque, l'unique moyen pour parvenir c'est de capter cette volonté. De là les ambitions qui parviennent sont celles qui flattent, mais non les méritantes.

Voilà pourquoi il n'y a ni ne peut y avoir de grandes vertus sociales ; il n'y a point de savants ; les intelligences ne se développent point ; car elles ne servent à rien ; il n'y a qu'abjection, qu'abrutissement, que servitude.

VI.

L'empire du despotisme étant exagéré, faux, injuste, il ne peut aussi s'appuyer que sur un autre principe exagéré, faux et injuste, sur un mensonge qui en est la déification. Tous les despotes ou leur pouvoir se sont toujours supposés émanés du ciel.

De là proviennent la soumission aveugle, le

silence de la raison et la dégradation qui impliquent l'un des pires états, et positivement c'est le plus honteux où puisse descendre l'homme.

Dans une monarchie absolue, le monarque, c'est l'état, c'est le tout : il n'y a que le monarque-Dieu, tout le reste ne subsiste que par sa grâce. Un seul geste, et des millions d'hommes vont trembler, et des milliers de victimes vont mourir.

En revanche personne n'en aura peur. Des hommes qui auront la conscience de ce qu'ils sont, se placeront en face d'eux ; et alors se répéteront les drames de Marathon et de Platée.

Aussi le gouvernement absolu ne peut-il procurer qu'un bien-être mesquin qui peut se noyer dans le sang, ou se transformer en malheur au plus léger caprice d'un seul homme.

Le sort de l'humanité demande une autre chose plus respectable, plus digne.

VIIe.

Le défaut capital de ce système consiste en ce qu'il ne laisse aucun arbitre légitime aux gouvernés pour exiger le bien, ni pour s'opposer au mal de la communauté, et que par conséquent il l'entraine au besoin de recourir à l'illégalité qui est la rébellion armée.

Lorsqu'il n'y a point de ressource légitime, il faut recourir à l'illégalité.

Aucun gouvernement où la rébellion à main armée des sujets contre un pouvoir légitimement constitué devient nécessaire, ne mérite le nom de gouvernement.

Les conséquences d'une rébellion comme celles de tous les actes illégitimes, sont funestes, presque incurables.

Elles ôtent le prestige au pouvoir.

Elles démoralisent le peuple.

Elles répandent le sang, et amènent tous les maux de la guerre.

Elles n'atteignent point leur but, qui est le châtiment du pouvoir ; car rien ne rend plus nécessaire un gouvernement dur que les scandales de l'anarchie.

Aussi après toutes les rébellions est-il arrivé un Cromwell ou un Napoléon. Les réactions ont toujours eu lieu par crainte de l'autre extrême, et rien n'a plus fait de mal à la cause de l'émancipation des peuples que les anarchiques bacchanales des révolutions.

Les rébellions, de même que tous les actes illégitimes, ont toujours le principe de la légitimité pendu au-dessus d'elles, comme l'épée de Damoclés.

Les prétentions du pouvoir déchu, et les dangers et les craintes du gouvernement révolution-

remplit aucune des conditions nécessaires pour un bon gouvernement. Il ne peut faire le bien-être général ; et même celui qu'il fera, il ne l'assurera nullement.

GOUVERNEMENTS MIXTES.

LEUR ORIGINE.

L'homme abuse par instinct des institutions même les plus bienfaisantes. Le monarque se voyant irresponsable devient tyran, et d'usurpation en usurpation, d'abus eu abus, il arrive à l'extrême insultant, incroyable, de s'appeler, de se croire, et d'être le maître de la vie et de la fortune des gouvernés, et libre de disposer de tout, sans autre règle que son caprice, sans autre impulsion que sa fantaisie.

L'instinct des sociétés tend à la quiétude et à l'ordre, et les peuples tolèrent le despotisme, ou parce qu'il leur conserve ces avantages, ou parce qu'ils n'ont pas le courage de le détruire, ou parce qu'ils sont ineptes à l'améliorer.

Les peuples sages et courageux sont ceux qui osent lui tenir tête : ils l'anéantissent et reviennent au gouvernement primitif de la nature, à la démocratie.

Aussi reconnut-on bien promptement l'insuffisance de la démocratie primitive pour constituer par elle-même tout le mécanisme de la machine des gouvernements ; car les peuples n'étant plus dans leur enfance primitive, et leur intelligence ainsi que leurs besoins ayant augmenté, ils exigeaient une autre chose plus analogue à la nouvelle situation à laquelle ils s'étaient élevés.

Alors on éprouva le besoin d'une autre chose qui ne fût point la monarchie seule, ni la démocratie seule, et de là cette multitude de combinaisons qui s'essaient inutilement depuis la Grèce mythologique, jusqu'aux efforts harassés de nos jours.

Le despotisme fit croire que tout le mal provenait de l'excessive accumulation du pouvoir ; et tous les remèdes qu'on a imaginés ne tendent qu'à l'énerver en le divisant, sans compter que ces deux extrêmes, comme tels, sont vicieux, et que le dernier est plus nuisible et moins durable.

Toutes les combinaisons de gouvernements mixtes mettent l'autorité entre les mains d'un seul ou de plusieurs, ou bien d'une ou plusieurs corporations ; modérant ou restreignant le pouvoir par d'autres corporations ou classes, telles que la noblesse, le clergé et la milice, ou enfin par le concours de tous en y appelant fictivement toutes les classes à l'aide de représentants ou de tribuns.

LEURS AVANTAGES.

Ces gouvernements tant qu'ils ont pu subsister, et en tant qu'ils ont incliné plus ou moins vers la démocratie, ont aussi participé plus ou moins des bienfaits brillants et des secousses violentes des gouvernements populaires. Alors leur durée a toujours été éphémère.

Si parfois ils se sont maintenus un peu de temps, c'est lorsque leurs pouvoirs venant à s'unir, ils ont pu acquérir quelque chose de l'unité du despotisme, comme Venise, qui donna le scandale de la tyrannie d'une république.

LEURS VICES.

Iᵉʳ.

Le premier défaut de ces gouvernements c'est le manque d'unité ; car ils créent des pouvoirs distincts, lesquels sont égaux et indépendants.

Pour que le gouvernement soit possible par ce système, il devient indispensable que tous ces pouvoirs marchent unis, de concert. Le désaccord de la part des uns ou des autres obstrue la marche des affaires, et il n'y a point de gouvernement.

IIᵉ.

Ils ont le défaut de présenter le spectacle pernicieux de la discorde des gouvernements.

Le gouvernement pourra à chaque pas voir ses projets ou ses intentions arrêtées, contrariées ou avortées; et par conséquent il perdra le prestige de cette intelligence supérieure et comme infaillible que doivent se procurer les gouvernements, et qui constitue un des gages les plus sûrs de l'obéissance.

III.

Ils donnent en outre une dangereuse impulsion aux ambitions. Ils proclament la suffisance du mérite, et dès lors, moyennant le mérite, tous les citoyens peuvent arriver au pouvoir.

De là le débordement des ambitions. Beaucoup se croient des droits, peu se croient ineptes; tous aspirent au pouvoir, parce que tous le peuvent. Le moyen le plus facile d'aspirer au pouvoir, c'est de le combattre, et ainsi l'on infirme la supériorité du gouvernement, on ternit le lustre du prestige, on lèse le commandement et on en finit avec l'obéissance.

Aussi tous ces gouvernements se sont-ils constamment souillés du sang de leurs concitoyens ; le pouvoir s'est toujours vu combattu par des factions, et presque toujours il a succombé par elles.

IV.

Enfin, comme les gouvernements despotiques, ils ne laissent aucune ressource légitime contre les abus du pouvoir.

Le commandement sans responsabilité est le dernier terme des désirs de l'homme. Sous ces gouvernements on l'obtient en unissant les pouvoirs, car une fois unis il n'y a rien qui leur résiste ; voilà pourquoi s'ils s'unissent de mauvaise foi, ils consomment la tyrannie et ils peuvent être tyrans impunément.

Alors il ne reste plus au peuple de ressource légitime contre l'usurpation et l'abus, et il se voit obligé de recourir à la rébellion en violant les lois.

RÉSUMÉ.

Les gouvernements mixtes peuvent participer des bienfaits et des défauts des démocraties et des tyrannies, suivant qu'ils s'assimileront plus ou moins aux unes ou aux autres.

Ils auront toujours les vices de débiliter la force morale du pouvoir et de la lui ôter; de manquer d'unité dans le commandement; de ne pouvoir ni empêcher la tyrannie ni se défendre des ambitions.

Ainsi donc ils ne remplissent point non plus les conditions d'un bon gouvernement; car s'ils peuvent participer des avantages des gouvernements démocratiques et absolus, ils peuvent aussi participer de leurs vices.

Cependant le gouvernement représentatif se présente avec des prétentions de perfection, et mérite par cela même un examen spécial.

GOUVERNEMENTS REPRÉSENTATIFS.

LEUR ORIGINE.

Les gouvernements représentatifs ne sont pas l'œuvre de savants qui, à force d'études et d'épreuves pratiques, aient statué par des lois les fruits de leurs travaux, fruits élaborés dans les hautes et longues méditations de l'intelligence.

Comme tous les états modernes d'Europe ; les gouvernements représentatifs furent constitués au hasard par des chefs conquérants, ignorants et superstitieux.

Leurs lois furent seulement celles exigées par les circonstances et par leurs instincts sauvages :

Liberté et richesses pour les conquérants, esclavage et misère pour les vaincus.

Ces hordes barbares sorties des forêts ne connaissaient d'autre loi, d'autre raison, d'autre
système que celui des bêtes sauvages; peut-être
même crurent-elles qu'il ne pouvait y avoir d'autre
droit que celui de la force.

Elles n'avaient pour loi que celles du combat
singulier et de la guerre; et ce fut seulement
après l'invention des lois romaines que leurs gouvernements commencèrent à prendre quelque
forme, le tout mêlé aux croyances exagérées du
christianisme.

Ce sont là les trois éléments des sociétés européennes actuelles : la force brute, la superstition
et le droit romain, bizarre mélange de principes
abominables, amalgamés par un anachronisme,
c'est-à-dire par la sagesse d'un autre âge et d'un
autre peuple.

Le gouvernement représentatif conserve encore

aujourd'hui les mêmes éléments hétérogènes de son origine , plus ou moins modifiés par le temps, les besoins et les circonstances : les chambres populaires et la liberté de parler, dérivées de la démocratie des conquérants ; un roi impuissant , une noblesse hautaine et héréditaire , produits du système féodal qui vint après ; l'oppression perpétuelle d'un peuple toujours sacrifié , souvenir de triste augure et témoignage éternel de la conquête ; et l'immoralité des moyens , résultat de l'époque à laquelle se formèrent ces gouvernements , de cet âge de la force et de la perfidie qui canonisa les Louis XI et les Machiavel.

Aussi ces gouvernements ne se constituaient-ils point, ni ne se mûrissaient-ils point sagement avec un plan digne et un motif louable comme celui du bien-être des peuples.

Ils se formèrent par la lutte continuelle des rois et de la noblesse, sans autre plan , ni unité, ni règle, ni objet que le triomphe de chacun, n'employant que la perfidie et la force. Les intelligences étaient inconnues.

Quelquefois les nobles étaient indépendants ; quelquefois les rois les subjuguaient ; une autre fois les nobles abattaient les rois.

Les assemblées populaires et les droits des peuples n'apparaissaient dans ces luttes sanglantes que comme un point d'appui pour le plus faible. Parfois les rois les convoquaient et les invoquaient, mais seulement pour vaincre les nobles ; parfois les nobles demandaient des constitutions, et s'intitulaient défenseurs des peuples, mais c'était seulement pour augmenter leur pouvoir, en affaiblissant celui des rois.

De là vient que les assemblées populaires n'eurent jamais ni pouvoir ni même d'existence sûre. Elles vivaient et pouvaient quelque chose par caprice des rois et de la noblesse, jusqu'à ce que, s'unissant à l'un, elles complétassent le triomphe sur l'autre.

Toujours la lutte entre les deux pouvoirs ; et cela, seulement par des ambitions égoïstes ; toujours du sang et une mauvaise administration ;

toujours le peuple exclu et toujours ses intérêts
sacrifiés.

LEURS AVANTAGES.

LEURS VICES.

Ier.

MANQUE D'UNITÉ.

Le gouvernement représentatif divise le pouvoir comme tous les gouvernements mixtes.

On remarqua que le roi étant irresponsable abusait ; le gouvernement représentatif enlève une part du pouvoir au roi, et le donne à ses ministres, divisant ainsi inutilement ce pouvoir en deux fractions.

Inutilement, car si le roi abuse, à cause de son irresponsabilité, en le rendant responsable le vice cesse, et ce nouveau pouvoir d'un corps agrégé de ministres devient inutile.

Cependant on crut que le pouvoir, même ainsi divisé, avait besoin d'un modérateur ; et l'on créa deux chambres, divisant aussi ce nouveau pouvoir en deux fractions distinctes, l'une noble et l'autre populaire.

C'est en cela que l'on fait consister la perfection du gouvernement représentatif; dans la création de divers pouvoirs qui puissent se heurter et combattre, et d'un pouvoir supérieur à tous les autres.

Si les chambres et les ministres combattent, le roi décidera la question ; mais la lutte des pouvoirs est toujours funeste, et par-dessus tout inutile. Il ne doit jamais y avoir de pouvoirs qui combattent, mais des pouvoirs qui agissent et qui obligent à agir régulièrement.

IIe.

Non-seulement il divise les pouvoirs, mais encore il les force au combat.

Le gouvernement représentatif, loin d'incliner à l'harmonie et à l'union des pouvoirs pour qu'il en ressorte l'unité, sans laquelle il ne peut y avoir d'existence, les lance dans l'arène, et les force à un combat continuel et à mort, combat si acharné et si indispensable qu'il laisse à chacun, pour récompense du triomphe, la dépouille du vaincu.

Tout député qui fera opposition à la marche du gouvernement sera comblé d'emplois et d'honneurs pour prix de sa condescendance, ou il montera au pouvoir s'il triomphe. Tout ministre qui dominera les chambres, fût-ce même immoralement, gouvernera à son caprice et dira qu'il gouverne avec le suffrage de la nation.

De là cette lutte continuelle entre les chambres et le gouvernement, dont les victoires, comme les têtes de l'hydre, ne sont que des sources abondantes de conflits nouveaux et plus acharnés encore.

De là ces oppositions systématiques qui n'ont

d'autre but que de miner le pouvoir, quelle que soit sa conduite, ni d'autres armes que les embûches, l'hypocrisie et le mensonge.

De là un mal très-grave, le mépris de l'opinion publique; car l'opinion qui s'intitule telle, n'est que l'opinion des factions.

De là le besoin de gagner les élections à tout prix, en employant la corruption et l'or comme des moyens plus sûrs que les convictions intimes.

De là le scandale incroyable de convertir toute une nation en un vaste marché, et les séances des parlements en une foire immonde des plus sacrés intérêts des états.

De là enfin cette division des nations en partis, qu'on appelle un des plus précieux bienfaits des gouvernements représentatifs, et qui n'est qu'une antre des plus grandes et des plus désastreuses calamités qui puissent affliger les peuples.

Les partis sont aveugles et déraisonnables. Ils n'ont d'autre raison que l'intérêt, et ils lui sacrifient tout, jusqu'à la patrie même.

Tout dans leurs mains se pervertit, se déprave ; ils appellent raison le mensonge et les sophismes ; ils se revêtent d'hypocrisie, et ils se couvrent du masque du patriotisme et des vertus les plus sacrées ; ils égarent l'opinion publique, ils exaltent et entraînent la nation dans leurs débats, ou bien ils la fatiguent et l'usent ; les peuples se démoralisent, ils ne savent à quoi s'en tenir, ni quel est celui qui ne les trompe point. Viennent l'incrédulité et l'indifférence des masses, et l'usurpation des factions se consomme.

Le roi dans ces misérables querelles n'a que deux rôles à jouer, l'un nul, l'autre honteux. Il faut ou qu'il regarde le combat avec toute l'impassibilité de la stupidité, ou qu'il avoue sa crainte en éloignant un ennemi invincible. Il lui faut ou suspendre ou dissoudre les chambres, ou se laisser vaincre et devenir lui-même l'exécuteur de la sentence, en sacrifiant d'une main ses ministres et de l'autre couronnant de leurs dépouilles les vainqueurs.

IIIe.

Le gouvernement représentatif se fonde sur un principe faux, celui d'établir que les chambres sont la nation.

On se sert de cette fiction croyant la réalité impraticable, mais cette réalité est praticable, et toute fiction est fausse ; et tout principe faux ne produit que de fausses et fatales conséquences.

Le système représentatif reconnait que le gouvernement a besoin d'un modérateur ; que tous les pouvoirs modérateurs s'unissent à celui qui doit être modéré, et alors ils consomment l'usurpation. Le système représentatif veut donc que le modérateur soit la nation même : excellent principe.

On sait que les masses ne peuvent point gouverner par elles-mêmes, et le système représentatif les fait gouverner au moyen de leurs représentants réunis dans les parlements : application fausse.

Les chambres, cortès, ou parlements ne sont ni ne pourront jamais être la nation ; car la nation ne peut être qu'elle-même, et jamais une chose ne peut en être une autre.

Ces corporations n'en sont que les représentants, et le représentant n'est pas la même chose que le représenté. Ce sont des choses distinctes, et souvent elles peuvent être même contraires.

Pour que le représentant s'identifie avec le représenté, il faut ou que les intérêts de l'un et de l'autre s'identifient, ou que le représentant se conforme aux ordres qu'il recevra des représentés sous une responsabilité effective.

Aucune des deux conditions n'est remplie dans le système représentatif.

Les députés ne reçoivent point d'ordres ni d'ins-

tructions de leurs commettants, ni ne peuvent
en recevoir ; car alors les masses deviendraient
législatrices, et on a reconnu qu'elles ne doivent
pas l'être.

Les intérêts des députés et ceux de la nation
ne sont point les mêmes.

Le système représentatif s'est servi du meilleur moyen de les identifier : l'élection ; mais cela
sans fruit, car la pratique en est erronée et vicieuse, et cela parce qu'il lui manque l'unique
gage de la bonté de l'élection, laquelle consiste
dans la responsabilité de l'élu.

Afin que la représentation au moyen de l'élection soit vraie, il faut que tous ceux qui doivent
être représentés aient la faculté d'élire.

Les sociétés modernes sont divisées par des in-
cisions bien profondes : les classes et leurs intérêts sont hétérogènes et distincts. Ce qui convient
aux unes nuit aux autres, et ceci est une plus

forte raison pour que toutes les classes aient une représentation positive.

Quelque classe de la société qui se trouve exclue, la représentation par ce fait est imparfaite, injuste.

Le paupérisme est un crime social qui pèse mortellement sur les gouvernements actuels, comme le rocher de Sisyphe ; et cependant la voix du prolétaire est toujours exclue par mépris ou par crainte ; qui sait si ce n'est point par honte, ou par toutes ces causes réunies ?

Aussi il n'y a aucune loi d'élections satisfaisante. Aucun système moderne ne se trouve content de la sienne.

Mais que l'on en suppose une où toutes les classes puissent être électeurs et éligibles, la forme actuelle des gouvernements représentatifs est telle que les députés qui en sortiraient n'agiraient même pas encore toujours en vue des intérêts de leurs commettants.

Pour qu'un député agisse en vue des intérêts du peuple, il faudrait que les intérêts des uns et des autres fussent identiques non-seulement au temps de l'élection, mais encore quand les effets en auraient cessé.

Le premier peut s'obtenir par une bonne loi d'élection ; quant au second, il faudrait absolument que tous les membres des parlements, une fois leur mission terminée. redevinssent précisément ce qu'ils étaient avant d'être élus, afin que les conséquences des déterminations qu'ils prendraient relativement aux classes d'où ils seraient sortis, pussent retomber sur eux-mêmes.

Les représentants actuels sont en dehors de ce principe, parce que le gouvernement, durant la législature, peut changer leur position, en les rendant riches, nobles, heureux, en leur créant, en leur augmentant, et en leur assurant le bien-être, des honneurs, du pouvoir et de la fortune.

Ainsi ils peuvent nuire impunément aux classes d'où ils sont sortis ; car ils ne doivent plus leur appartenir, soit parce qu'ils ne doivent plus participer de leurs besoins, soit encore parce qu'en usurpant le nom de la nation, ils se mettent à l'abri de toute espèce de responsabilité effective.

IVe.

Le gouvernement représentatif déprave les hommes de mérite; car toutes les armes puissantes d'attaque et de défense sont immorales.

Ve.

Il rend impossible les bonnes intentions des gouvernants; car rien n'arrête ni ne contente les oppositions systématiques, si ce n'est la chute du pouvoir.

VIe.

Enfin ces gouvernements, comme tous ceux qui ne sont point démocratiques, ne laissent aux gouvernés aucun moyen légitime pour éviter ou pour détruire l'usurpation et l'abus.

Si les chambres s'unissent au gouvernement, tous les deux sont tout-puissants. S'ils abusent, il ne reste au peuple, pour toute ressorce, que l'illégitime et criminel moyen de recourir à la rébellion à main armée.

Aussi ces gouvernements, nés de la barbarie, se sont-ils pétris, pour ainsi dire, de la fange et du sang des combats des ambitions effrénées : ils se formèrent des dépouilles arrachées par les armes ou par l'intrigue sur le champ de bataille ou sur l'échafaud ; ils se traînent en de violentes et affligeantes convulsions de dissensions continuelles ; entre les craintes de faux semblants et la réalité de secousses terribles ; ils maintiennent vivant et palpitant le germe immoral et sanglant des révolutions ; et ils s'alimentent d'une corruption si générale et si corrosive que pour le bien de l'humanité ils ne devraient point être durables.

RÉSUMÉ.

Le gouvernement représentatif détruit le pouvoir en le divisant.

Il force les fractions à vivre dans un combat continuel.

Au lieu de faciliter leur union, il la rend impossible.

Il s'appuie sur la corruption.

Il met les intérêts des gouvernants en guerre ouverte avec ceux des gouvernés.

Il fait déborder les ambitions dépourvues de mérite, et pervertit les méritantes.

Il produit les partis, les oppositions systématiques, et l'usurpation de l'opinion publique.

De même que tous les gouvernements mixtes, la réunion des pouvoirs en constitue un irresponsable, contre lequel il n'y a point de moyen légitime, et rend ainsi nécessaires les rébellions.

Il a tous les vices et pas un des avantages des autres gouvernements.

En outre l'immoralité.

En outre l'impossibilité d'être bon.

RÉCAPITULATION.

Aucun système de gouvernement connu ne remplit les deux conditions indispensables pour être bon.

Tous les systèmes de gouvernement peuvent faire le bien-être d'un plus ou moins grand nombre de sujets ; aucun n'offre nul gage pour l'avenir.

Tous peuvent être instantanément bons ou mauvais, suivant les hommes qui se trouveront à leur tête. Aucun ne possède les moyens de toujours y appeler seulement les hommes de mérite.

Les gouvernements populaires produisent avec facilité les grands hommes ; mais ils manquent de moyens pour les contenir.

Les gouvernements absolus ne les produisent pas, parce qu'ils les craignent.

Les gouvernements représentatifs corrompent ceux qu'ils produisent.

Ainsi donc tous les systèmes de gouvernement connus sont impuissants pour diriger pendant longtemps les hommes.

Aussi les peuples éclairés s'agitent-ils et se consomment-ils en efforts stériles et en désirs insatiables de réformes nécessaires.

On croit que le mal est dans les hommes, et voilà l'erreur funeste. Les lois forment les hommes. Le mal est au fond, dans la racine, dans l'essence, dans les institutions.

L'homme sage en donnant des lois moralise le peuple, même le plus corrompu, et fait surgir les hommes de mérite. La difficulté consiste à ce qu'ils se succèdent. C'est l'affaire de la loi.

Avec des institutions mauvaises, les hommes de mérite ou leur série sont impuissants ou impossibles.

Les gouvernements populaires périssent dans leurs mains.

Dans les gouvernements despotiques ils sont impossibles.

Dans les gouvernements représentatifs, impuissants.

Si dans ces derniers il en surgit un malgré eux, il s'épuise en efforts inutiles.

En vain l'anime-t-on, l'encourage-ton, l'aide-t-on de tous vœux et par tous les efforts ; en vain parvient-on à faire un pas en avant au prix de peines incroyables : il faut s'arrêter, si on ne rétrograde point ; les obstacles sont si grands qu'on regarde comme un triomphe de pouvoir rester stationnaire.

Il est impossible de faire marcher toujours librement une machine qui porte elle-même les obstacles qui l'obstruent ou l'inutilisent. Le défaut n'est point dans ceux qui la dirigent ; c'est la faute de ceux qui la firent.

L'existence, le pouvoir et le crédit des partis conservateurs actuels vient en témoignage de cette vérité.

Il est si difficile d'avancer, même dans les gouvernements représentatifs, qu'on regarde comme un grand bonheur de pouvoir conserver les mesquines réformes acquises confusément au milieu de la multitude d'abus existants.

Les peuples veulent marcher ; ils en ont besoin pour leur bien-être, et ce n'est pas possible.

Les institutions, par lesquelles le bien-être des peuples n'est pas possible, sont détestables.

Toutes les institutions actuelles pèchent de ce côté ; toutes sont vicieuses.

Il en faut une nouvelle.

RECHERCHES

SUR UN NOUVEAU SYSTÈME.

———

Connaissant la nature des divers systèmes de gouvernement qui ont régi les hommes pendant le cours des siècles; les conditions qu'ils ont et celles qu'ils doivent avoir; les qualités qui les ornent, les vices qui les rongent, et la source et les causes qui produisent les unes et les autres, il n'est plus difficile de pouvoir en obtenir un autre meilleur que tous ceux déjà connus.

Prenant donc de chacun d'eux tout le bon, laissant de côté tout le mauvais, on en formera précisément un autre qui renfermera à lui seul tout ce qu'il y a de bon dans tous.

La démocratie a tous les avantages, à la durée

près. Le gouvernement d'un seul n'a aucun avantage, sauf celui de la durée.

Prenant donc tout le bon des démocraties,
et la durée des monarchies, on en formera un
bon et durable.

LEQUEL DOIT-ON CHOISIR

COMME DOMINANT?

La durée est la règle la plus sûre pour juger les ouvrages des hommes et ceux de la nature.

Ce qui dure le plus est ce qu'il y a de meilleur et de plus naturellement organisé.

Tous les êtres tendent à vivre et à se conserver; tous peuvent subsister un moment, fût-ce même contre les lois de la nature. Celui qui vivra toute sa vie, remplissant parfaitement toutes ses fonctions, est celui qui se trouve bien organisé.

Toutes les sociétés tendent à se maintenir sous

un gouvernement ; toutes peuvent subsister pour un moment sous un gouvernement quelconque, fût-il même pervers, car sans gouvernement, elles ne pourraient point subsister ; celui qui subsistera le plus longtemps en faisant le bien être de tous, celui-là sera le mieux organisé.

Ainsi donc la subsistance instantanée, fût-elle brillante, n'est point un argument en faveur de sa bonté.

Ces génies sublimes qui vivent un moment en produisant de grandes œuvres au milieu de souffrances inouïes, et qui meurent à la fleur de leur âge, dévorés par une ardeur qui ne peut s'éteindre que dans la tombe, ne sont pas faits pour servir de modèles aux autres.

Un jugement solide et calme qui, tempérant la fougue de l'imagination par la froideur du raisonnement, puisse mûrir et employer utilement les fruits précieux de l'intelligence, sera bien préférable.

Ainsi donc la subsistance instantanée des gouvernements, fût-elle brillante, n'est point un argument eu faveur de leur bonté.

Les gouvernements populaires ont une vie brillante, mais agitée et courte; leurs convulsions, leurs hauts faits et leur mort prématurée sont des conséquences nécessaires du cancer originaire qui les dévore.

Le gouvernement populaire est comme cet homme de la nature qui, déployant le libre exercice de ses facultés, acquiert le complet et énergique développement de toutes celles du corps et de l'esprit, mais qui, sans aucun correctif pour les modérer, meurt prématurément d'imprévision ou de pléthore.

Le gouvernement monarchique, au contraire, est cet homme qui, quoique fort, timide et appréhensif, désire seulement se conserver, et craignant tout, se renferme dans un cercle de fer, de privations inouïes. Il vit longtemps, mais à la façon des valétudinaires, traînant une misérable vie, pleine de tourments et sans jouissances.

Les premières sont des constitutions viciées qui ne peuvent point résister à leur mal ; les secondes sont des constitutions énergiques qui prolongent leur existence malgré les vices qui les oppriment et les détruisent.

Ainsi donc il faut contenir les démocraties et délivrer les monarchies. Pour mieux dire, il faut les monarchies avec la liberté des démocraties.

La machine du gouvernement ne doit point se compliquer inutilement. La multitude des rouages ne sert qu'à en affaiblir et en obstruer le cours.

Pour bien gouverner il ne faut qu'une force intelligente et active, commandant et exécutant ; et pour éviter l'abus il en faut seulement une autre d'inertie, qui empêche d'abandonner le vrai chemin.

Les gouvernements populaires même ont rendu

hommage au gouvernement d'un seul. Ils se sont toujours laissé conduire par leurs hommes supérieurs.

Faire toujours monter les hommes éminents au pouvoir, en leur impossibilitant l'abus, voilà le secret.

Par conséquent le gouvernement d'un seul, comme le plus durable, est le mieux constitué, et c'est celui auquel on doit s'arrêter.

En le purifiant de tous ses vices, il sera immortel ; en l'ornant de toutes les qualités des autres, son immortalité sera brillante et glorieuse.

COMMENT ON REDRESSE LA MONARCHIE.

Le vice capital du gouvernement d'un seul , c'est l'irresponsabilité du pouvoir qui dégénère en despotisme. Il faut à toute force le corriger.

Il peut être corrigé de deux manières, ou en évitant que le mal se fasse , ou en le punissant une fois fait.

Ce dernier moyen est bien difficile, s'il n'est point impossible ; car la responsabilité ne peut être exigée que par des lois antérieurement en vigueur , et le législateur peut les faire et y déroger.

Il y a plus : le pouvoir qui rend la responsabilité du monarque effective, aurait besoin, à son tour, d'un autre pouvoir qui la lui rendît effective

à lui-même, et ainsi successivement : ce qui ra-
mènerait à un cercle vicieux.

L'autre moyen est plus efficace et plus simple.

Il vaut mieux éviter le délit que d'être réduit à
le punir. Ainsi, il vaudra mieux empêcher le
mal que pourra causer le monarque, que de lui
en demander compte, une fois fait.

Alors il faudrait créer un autre pouvoir pour
empêcher les abus du monarque, et on a déjà vu
que tous ceux qu'on a inventés peuvent aussi abuser, s'unir, et former ensemble un pouvoir
irresponsable, pouvant être injuste impunément.

Tous les pouvoirs que délèguent les nations
pour modérer leurs gouvernants, peuvent les
trahir.

Le moyen le plus sûr d'éviter cet abus, c'est
de ne nommer aucun pouvoir modérateur du gouvernement.

La nation elle-même doit être la seule à veiller sur celui qui gouverne, et à le contenir.

Corriger la monarchie par la démocratie, le système social par celui de la nature, réserver au peuple et légitimer le droit d'insurrection, voilà le secret du salut des nations. Pour avoir abdiqué ce droit après les révolutions, toutes ont été inutiles.

Par ce moyen on corrige d'un seul coup tous les vices de la monarchie.

On détruit à jamais le despotisme qui en est la source, parce que l'autorité du monarque dépend de la volonté du peuple, et, le législateur dépendant du peuple, les lois ne peuvent jamais être nuisibles à la généralité des hommes.

DU MONARQUE.

Comme l'unité est le meilleur gage de l'existence, le monarque seul doit gouverner.

Il doit être le seul législateur, le chef de la milice et des finances, le juge suprême, et l'unique pontife.

Au-dessus de lui, seulement la nation ; au-dessus de la nation, rien.

Cependant le monarque ne doit point réunir tous les pouvoirs. Celui qui ne peut point être puni, doit être exposé le moins possible à manquer.

Le monarque doit faire les lois, ordonner d'exécuter, et veiller à l'exécution ; mais non exécuter. Ceux chargés d'exécuter seront les autorités subalternes.

Comme législateur, il lui suffira du consentement tacite du peuple, il aura l'initiative, il dictera toutes les lois qu'il croira convenables, et il les fera exécuter, mais non quand elles seront interdites par le peuple.

Comme chef de la milice, il la commandera militairement en temps de guerre ; mais dans l'état normal, comme les militaires doivent être citoyens, ils dépendront des autorités communales.

Comme tribunal et juge suprême, il pourra juger, déposer et punir les juges et les autorités qui ne rempliront point leur devoir ; mais il ne pourra révoquer aucune sentence, juger aucun particulier ni attenter à la personne ni à la fortune de qui que ce soit, ni l'arrêter ni commander de l'arrêter qu'en flagrant délit, et pour le livrer au moment même à l'autorité compétente.

Comme pontife, il assujétira aux lois toutes les lois publiques; mais il ne touchera jamais aux croyances.

Le monarque doit être seulement le législateur, et celui qui veille à l'accomplissement des lois.

Il doit avoir seulement autorité sur les autorités. C'est lui qui règle la machine du gouvernement, lui donne l'impulsion, la dirige, et veille à sa marche; mais il ne doit en être aucun des rouages. C'est le machiniste; les autorités, la machine; et le peuple, celui à qui doit en revenir le bienfait.

Cependant l'obéissance absolue à tout précepte supérieur doit être infaillible. Sans obéissance, le gouvernement est impossible. Aussi nulle réclamation, pas même l'abrogation de la loi avant d'être déclarée légalement, ne doit empêcher l'obéissance.

Comme le monarque ne commande qu'avec

l'autorisation de la nation, et que les choses doivent s'appeler par leur nom, toute loi expédiée portera cette formule : « Le monarque et la nation décrètent... »

Pour la même raison, toute chose publique s'appellera *nationale*, mais jamais *royale*.

COMMENT ON REDRESSE LA DÉMOCRATIE.

L'élément démocratique est absolument néces-saire dans la composition du gouvernement, car sans cet élément il ne peut point y avoir de garantie.

La démocratie est supposée impossible dans les grands états d'Europe ; car toute une nation ne pourrait point se rassembler pour délibérer sur la place publique ; et on craint la démocratie parce qu'elle tolère le commandement brutal des masses et le débordement d'ambitions effrénées que l'on ne pourrait plus contenir.

Ces obstacles ne sont point insurmontables : on peut les vaincre facilement, et une fois vaincue, la démocratie devient possible et bienfaisante dans les états modernes.

La délibération des masses sur la place publique, même ne fût-elle point impossible aujour-
d'hui, est vicieuse ; car les grandes réunions
d'hommes ont coutume d'être tumultueuses ; et
les masses peuvent manquer et du temps et de
l'instruction nécessaires pour les débats instantanés des affaires ; et le temps employé à cela serait enlevé à des occupations et à des besoins d'une
exigence plus particulière et plus immédiate.

Ce vice se trouve corrigé en ne laissant point
gouverner les masses.

Que le monarque dépositaire du pouvoir gouverne seul ; que lui seul dicte toutes les lois sans
nécessité d'instance ni d'approbation précédente
et expresse des peuples, et que ceux-ci puissent
seulement les interdire et y déroger, une fois pu-
bliées, et quand ils palperont les maux qui pourront leur en revenir.

De cette manière, les masses réunies ne délibèrent point ; il n'y aura plus de tumultes : chacun
pourra prendre le temps nécessaire pour son ins-

truction, délibérer quand on aura loisir, et donner son vote plus mûr et mieux réfléchi, quand les soins domestiques ne l'empêcheront plus.

Ainsi chaque homme délibérera ; les masses seulement décideront.

Ainsi on peut appliquer la démocratie aux nations les plus populeuses.

L'autre vice des démocraties c'est le commandement brutal de la multitude.

Le pouvoir des masses, de même que tous les pouvoirs, agissant régulièrement, est toujours juste, et seulement il déborde quand il est irrité ou excité par de mauvaises passions.

Les seules passions à craindre des peuples sont celles provoquées par le despotisme, ou celles excitées par les factions.

Lorsqu'il n'y aura plus de despotisme ni de

factions, le pouvoir des peuples ne débordera plus.

Despotisme, c'est le commandement absolu : faction, c'est la prétention illégitime du commandement. Il n'y aura plus de despotisme en restreignant tous les pouvoirs ; il n'y aura plus de factions en ne laissant point naître ou en contenant les ambitions.

Tous les despotismes sont vicieux. Le despotisme des masses démoralise ; le despotisme d'un seul homme démoralise et déprime la dignité de l'homme.

Le despotisme des masses produit le despotisme d'un seul ; le despotisme d'un seul produit celui des masses. Il faut les proscrire tous.

Le commandement de la multitude est justement à craindre, ainsi que tout commandement despotique, lorsqu'il est absolu et irresponsable.

Quiconque peut tout, fût-ce même le peuple, abusera bien facilement.

Dans un gouvernement bien constitué personne ne doit pouvoir tout. Chaque pouvoir doit se circonscrire dans ses justes bornes.

Le peuple ne doit pouvoir rien qui puisse lui préjudicier; rien qui puisse exciter les passions de la multitude, et il doit toujours y avoir un pouvoir au-dessus de lui qui le contienne dans le cercle de ses attributions.

Alors la foule ne pourra pas déborder, car il n'y aura point de despotisme pour la provoquer ni de factions pour l'égarer, et si elle déborde elle sera contenue.

———

L'autre vice capital des démocraties c'est le débordement des ambitions et la difficulté de les contenir.

Les ambitions peuvent être excitées par deux

causes : par le désir du commandement ou par l'augmentation d'intérêts. La première est funeste, et on doit la corriger et même la détruire ; la seconde est salutaire, et on ne peut ni on ne doit chercher à l'éteindre.

La première attaque toujours le pouvoir, le gouvernement, le symbole sacré de l'ordre, l'existence sociale.

Pour elle, tous les moyens sont bons ; car une fois le but obtenu, le criminel monte au pouvoir et le châtiment devient impossible.

Le peuple en l'accueillant ne perd rien immédiatement de son pouvoir ; au contraire il use d'une grande prérogative en élevant un factieux qui le flatte par des promesses ; et quant au gouvernement, cela lui crée des obstacles et l'arrête dans ses moyens de défense.

———

La seconde n'attaque point le gouvernement,

mais bien les intérêts d'autrui ; car il ne peut y avoir de débats d'intérêts que lorsque les uns voudront acquérir aux dépens des autres.

Cela est salutaire ; car il est bien juste que chacun veuille acquérir et que chacun trouve de la résistance lorsque le profit sera aux dépens des dépouilles d'autrui. C'est au gouvernement à satisfaire à ce besoin de tous, sans léser aucunement, ou le moins possible.

Le gouvernement le peut, car dans ces débats il reste entier, ferme et respecté ; car ces intérêts, loin de l'attaquer, le sollicitent ; loin de le combattre, l'implorent. Ainsi, il pourra les satisfaire, et en dernier ressort les réprimer et punir ceux qui viendraient à déborder.

Par conséquent l'ambition du commandement qui dépendra du peuple est celle qui, à tout prix, doit être restreinte, et, s'il est possible, étouffée à sa naissance.

Cette ambition ne peut être étouffée qu'en empêchant qu'aucune ambition du commandement puisse être satisfaite par le peuple.

Le peuple ne doit avoir que le *veto* des lois relatives à des intérêts généraux ; et celui-ci seul lui suffit et lui convient.

Tout autre pouvoir lui est inutile ; car que lui importe la personne qui dicte les lois s'il peut produire et adopter celles qui lui sont profitables, et rejeter celles qui lui nuisent ?

Le *veto* lui suffit ; car pouvant faire tout ce qui n'est pas défendu par la loi, et pouvant suspendre la loi, cela assure la faculté de ne point faire ce qui lui sera préjudiciable, et de faire tout ce qui lui conviendra.

Le *veto* seul lui convient ; car il ne doit jamais intervenir en des questions de personnes. 1° Car il ne peut les connaitre à fond. 2° Car, pouvant demander et nommer des personnes, il tombe dans tous les vices, toutes les intrigues et tous les désordres de l'élection et des factions, et dans le grand danger que les opinions ne viennent à s'égarer.

La voix publique ne doit point être dirigée, ni prise en considération, lorsqu'elle s'adresse à des personnes.

Rien de plus facile que de devenir l'idole de la multitude.

Tous les factieux et bien des tyrans des républiques ont été accueillis, nommés et protégés par le peuple.

Le peuple ne doit se diriger qu'aux choses. Les lois sont les importantes ; les personnes sont indifférentes. Forcer de faire le bien et empêcher le mal, quelles que soient les personnes, c'est ce qui convient.

Les personnes ne doivent être signalées que par la loi.

Ainsi toute attaque au personnel du gouvernement est impossible, car elle est inutile.

Les lois ou les actes du gouvernement, pouvant être attaqués et détruits, les actes seront seulement attaqués et détruits; car cela seul convient uniquement à tous.

Le renversement des gouvernants ne convenant à personne, et personne ne sachant qui doit les remplacer, ils ne seront point renversés; car ceux qui les renverseraient ne devront point les remplacer.

De cette manière le commandement effréné des masses deviendra impossible; car leur pouvoir aura des bornes, et il n'y aura point de mauvaises passions qui les exciteront.

SOUVERAINETÉ POPULAIRE.

L'illustration d'aujourd'hui rougirait de nier le principe incontestable de la souveraineté des peuples ; mais dans l'impossibilité de le nier, il en est qui se sont avancés jusqu'à en supposer l'exercice impossible, pour dire que la souveraineté de beaucoup ne peut être que la volonté de tous, que l'unanimité absolue.

Ce raisonnement n'a jamais servi d'obstacle aux anciens peuples sages de l'antiquité qui furent démocratiques, et seulement on l'a vu mis en pratique par un peuple moderne avant de sortir de la fange de la barbarie.

Ce raisonnement est faux, car il prouve trop.

D'après cela, la souveraineté ne résiderait qu'en chaque individu ; un citoyen serait plus puissant

que tous les autres ; personne n'aurait de droit sur
un autre ; il ne pourrait pas y avoir d'autorités ,
ni de droit d'infliger des châtiments , ni de con-
trecarrer la volonté de personne ; toute société
deviendrait donc impossible. Par conséquent c'est
absurde.

De la nature et de la raison il en découle le
contraire.

Si on ne considère que le droit naturel de la
force, les majorités peuvent plus que les minorités, et celles-là ont le droit d'imposer à celles-ci
leur volonté.

Si l'on s'en tient à la loi civile, qui est la règle
de la convenance de tous, ce qu'on appelle justice,
la justice et la convenance exigent que le bien de
beaucoup soit préféré à celui de peu.

L'homme qui pour ne point remuer un de ses
membres ne terminerait point une affaire importante qui toucherait ses plus chers intérêts , pas-
serait justement pour un insensé.

Par conséquent la majorité a droit d'imposer sa volonté à la minorité, en signalant par une loi, et ce, suivant la convenance, le nombre de votes qui devra constituer la nation.

La légalité peut tout. La légalité fait que cent millions d'hommes tremblent devant un seul. La légalité peut faire que dix se soumettent à vingt.

Par conséquent la loi civile peut déterminer justement le nombre de voix qui devra composer la majorité dominante d'une société organisée.

PAR QUI CETTE SOUVERAINETÉ

DOIT ÊTRE EXERCÉE.

———

Le gouvernement est la sûreté du bien-être de tous. Par conséquent tous ont droit d'intervenir dans la manière d'assurer leur propre bien-être.

L'intervention du peuple dans le gouvernement, non-seulement est un droit, mais une garantie de ses libertés.

Plus les garanties sont nombreuses, plus elles sont fortes. Ce qui est garantie par un est moins sûr que ce qui l'est par beaucoup. Ce qu'il y a de plus sûr ce sera ce qui sera garanti par tous.

Ainsi ce droit est de tous ; il doit être restreint le moins possible.

Tous les hommes qui auront de l'aptitude pour juger de ce qui conviendra ou nuira à leurs intérêts, ont droit à avoir vote public.

Ce principe ne doit avoir que les exceptions indispensables.

Comme pour donner son vote dans les affaires publiques, il faut être au fait de ces mêmes affaires, et comme la presse est le meilleur moyen d'instruction, quiconque aura voix publique doit savoir lire.

Comme on doit écrire son vote, il faut savoir écrire.

Pour intervenir avec connaissance de cause dans les finances, il faut savoir compter.

Pour avoir de la moralité il faut une manière de vivre connue et honnête.

Comme l'âge et la famille mûrissent le jugement, il faut avoir vingt-cinq ans, et être marié, quand le mariage sera ce qu'il doit être.

Quiconque possédera ces qualités ne doit pas être privé de son vote public.

Ce droit se perdra seulement par l'abus, et seulement on en exemptera le soldat en campagne ; car on ne doit point permettre le vote de la force armée.

Comme ce droit est l'unique garantie de la bonté du gouvernement, il ne doit jamais cesser ni être suspendu pour aucun motif dans la généralité.

Comme l'instruction étendue sera le meilleur gage du succès, toute espèce de persuasion doit être permise.

Seulement la force physique ou morale, la corruption ou la fraude, seront sévèrement punies.

MANIÈRE DE L'EXERCER.

Le peuple doit exercer par lui-même l'intervention dans ses lois.

Au moment où il déléguera à un autre sa souveraineté et qu'il se privera de son vote , il peut être facilement et impunément privé de ses droits, quels que soient sa constitution , ses lois et son gouvernement.

Le jour où ses gouvernants , délégués ou représentants, se corrompent ou se prostituent. ils donnent la loi de l'esclavage , et il ne reste au peuple d'autre ressource que la révolution ou la résignation.

Par conséquent il faut un système où le peuple et chacun de ses membres puissent constamment

intervenir et se prononcer expressément et définitivement envers les lois relatives aux intérêts
généraux. C'est l'unique garantie efficace : toutes
les autres sont éphémères.

Il doit y avoir dans tous les quartiers, villages
et hameaux, et cela, dans un lieu marqué et fixé
à l'avance, une autorité permanente, devant laquelle tous les hommes aptes pourront accourir
donner leur vote chaque fois qu'ils le jugeront
convenable.

Les votes devront être écrits, signés, publiés
avec les noms de chacun des votants, et circuler
dans tout le royaume, de manière que chacun
puisse les compter.

Si le nombre de votes opposants dépasse celui
fixé pour faire majorité, la loi à laquelle on se
rapportera sera détruite.

Le roi seul et les tribunaux dans les cas déterminés par la loi, pourront faire cette déclaration.

Le peuple pourra toujours déroger à la loi, et cela, en tout temps, en tout ou en partie.

CONSÉQUENCES.

Les lois peuvent être le produit des coutumes des peuples, ou le produit des hommes savants pour régler les coutumes des peuples.

Dans le premier cas les lois peuvent être mauvaises, parce que les mauvaises habitudes du peuple peuvent être si puissantes qu'elles dominent et assujettissent le législateur, comme il arriva au moyen âge.

Dans le second cas, les lois sont bonnes, parce que le législateur, quand il est sage, domine et peut former les habitudes des peuples, comme il arriva en Grèce et à Rome.

Ainsi c'est une erreur de croire qu'il faut avant tout former un peuple vertueux et moralisé pour lui donner ensuite de bonnes lois.

10

Au contraire la manière de former et de moraliser les peuples, c'est de leur donner de bonnes lois.

Athènes et Sparte, avant leurs bons législateurs, étaient des peuples malheureux et corrompus qui se déchiraient dans des discordes intestines. Solon et Lycurgue les moralisèrent.

Thémistocle et Léonidas ne formèrent point les sublimes lois de leurs républiques, ce furent les lois qui les formèrent.

Aussi tous les peuples sont-ils toujours en état de recevoir un bon gouvernement.

Comme le meilleur gouvernement est le démocratique, tous les peuples sont toujours en état de recevoir de bonnes lois démocratiques.

Les peuples intelligents et jaloux de leur autorité veulent se gouverner par eux-mêmes, ils ne peuvent point tolérer la tyrannie et ils se révoltent : avec un bon système démocratique, ils n'ont pas besoin de se révolter, mais bien de prendre leur intervention légale dans les affaires.

Les peuples ignorants ne peuvent point avoir une grande intervention dans les affaires, et ils supportent la tyrannie : avec un bon système démocratique la tyrannie ne sera pas trop violente ; car les peuples la supporteront tout autant qu'ils voudront, et cela, tant qu'elle ne sera pas intolérable.

Ce sont les peuples corrompus qui peuvent abuser : l'abus dans les gouvernements populaires ne provient que des factions ; et les factions disparaissant, les abus disparaîtront aussi.

Tous les peuples, au moment du danger, se sauvent en se soumettant à un seul homme. Dans un bon système démocratique, l'homme qui commande est le plus apte et le plus digne de commander.

Le droit qu'a le peuple pour pratiquer la démocratie est incontestable ; car la volonté générale est la seule véritable souveraineté et la source de tous les pouvoirs.

Ce système proposé sera le plus naturel ; car il sera formé des deux uniques principes naturels : la monarchie et la démocratie.

C'est la combinaison la plus simple, parce que la machine du gouvernement ne sera alors composée que de deux forces : l'une d'action, d'une unité absolue, qui est la volonté d'un seul ; et l'autre d'inertie, d'une résistance invincible, composée du non-vouloir de tous.

Ce sera le système le plus vrai ; car il n'y aura en lui rien de fictif. La nation, reconnaissant l'impossibilité de se gouverner elle-même et le besoin de concentrer son pouvoir, le résume tout sur un individu, et se réserve le droit de surveiller et de se prononcer sur la manière de remplir la charge.

Ce moyen sera infaillible; car personne ne peut mieux connaître ses intérêts que soi-même.

Et il est par-dessus tout si nécessaire que, sans ce moyen, aucun gouvernement ne pourra remplir son but.

En outre, ce système est si efficace qu'en l'appliquant à toute autre espèce de gouvernement, il produira infailliblement de bons résultats.

Le gouvernement dépendant de l'opinion publique, quel que soit le gouvernant, celui-ci devra la respecter; dans le cas contraire, on pourra facilement en inutiliser le commandement.

Ainsi, avec ce système, les lois contraires aux intérêts publics sont impossibles; l'usurpation et l'abus deviennent aussi impossibles.

L'opinion publique, de cette manière, devient une digue infranchissable.

La machine du gouvernement se fixe ainsi

dans une voie dont elle ne pourra jamais s'écarter.

Mais il ne suffit point que le pouvoir ne puisse pas déborder, il faut encore qu'il agisse régulièrement.

Il ne suffit point que les abus soient impossibles, il faut encore faire des améliorations.

Il ne suffit point que la machine ne puisse pas sortir de sa voie, il faut encore qu'elle la parcoure sans obstacle.

Il faut donc rechercher et écarter tous les obstacles qui pourront l'arrêter dans son parcours.

ORDRE DE SUCCESSION

DANS LA MONARCHIE.

———

Ce sont toujours les hommes supérieurs qui ont formé et conduit les peuples ; et même plus, ils ont représenté leurs époques : La Perse c'est Cyrus ; l'Egypte, Sésostris ; la Macédoine, Alexandre ; Thèbes, Épaminondas.

La science consiste à faire naître et à toujours faire arriver au pouvoir les hommes supérieurs.

Athènes et Rome connurent cette science pendant quelque temps.

La combinaison prévenant les causes qui pervertirent cette science dans les républiques finira par se perpétuer.

Les conducteurs étant toujours éminents on marchera toujours dans une voie prospère et sûre.

Les monarchies absolues rendent les hommes éminents impossibles en perpétuant le pouvoir dans les familles ; car ce qu'on possède on ne cherche point à le mériter.

Quoique les monarchies puissent être héréditaires ou électives, généralement elles sont héréditaires.

Les monarchies héréditaires ont les avantages suivants ;

1° D'augmenter le prestige du gouvernement.

2° D'exclure les ambitions, les désordres, les intrigues et l'immoralité qui en est la conséquence.

Elles ont les défauts suivants :

1° De placer des ineptes au pouvoir.

2° De fausser et négliger l'éducation des princes qui n'ont plus besoin d'aptitude pour monter au pouvoir.

3° De rendre possibles les minorités et les régences, lesquelles ont donné tant de scandales aux peuples.

4° De créer dans les princes un orgueil insensé qui leur fait regarder la nation comme leur propre patrimoine.

5° D'exciter l'ambition des successeurs connus.

Les gouvernements électifs ont les avantages suivants ;

1° De pouvoir appeler seulement ceux qui sont aptes.

2° D'exclure, sinon toujours les intrigants, toujours du moins les imbéciles.

Ils ont les vices suivants :

1° De faire déborder les ambitions.

2° D'exciter les intrigues des prétendants.

3° De produire l'immoralité des électeurs.

4° De rabaisser le prestige du pouvoir, en faisant que qui que ce soit y puisse arriver.

Le système qui éliminera les vices et profitera des avantages des deux, sera le système parfait.

———

La possibilité de placer au pouvoir un inepte est d'une transcendance si fatale qu'on doit rejeter le système qui se prête à cet abus.

Donc le gouvernement héréditaire doit être

exclu ; car non-seulement il se prête à cet abus, mais encore il fait en quelque sorte que les ineptes soient en plus grand nombre.

Il faut donc s'arrêter au gouvernement électif en le corrigeant de tous ses défauts.

Le premier c'est le débordement des ambitions et les intrigues des prétendants.

Ce vice sera d'autant plus mauvais et transcendant que le nombre des éligibles sera plus grand.

Par conséquent le moyen de l'éviter ou de le restreindre, ce sera de restreindre autant que possible le nombre de ceux qui pourront prétendre à être éligibles.

L'autre vice consiste dans l'immoralité que

répandent dans les électeurs les menées et les manœuvres des prétendants.

Ce vice aussi s'étendra d'autant plus que le nombre des électeurs sera plus grand ; et on le préviendra ou on l'atténuera en restreignant, pareillement autant que possible, le nombre de ceux-ci.

————————

Il est vrai que l'élection par le peuple serait la plus conséquente ; car personne n'a plus de droits pour élire ses gouvernants que les gouvernés.

Mais les masses ne doivent être appelées à connaître que de leurs propres intérêts ; c'est ce qu'elles peuvent le mieux faire et en quoi elles peuvent le plus difficilement se tromper.

Elles ne devront point être appelées à juger des choses où elles peuvent aisément se tromper et qui exigent des études profondes et d'un résultat difficile, telles que la connaissance de l'aptitude des hommes.

C'est à d'autres que revient ce soin : moins le nombre de ces électeurs sera grand, moins seront grands aussi les maux de l'élection : par conséquent la meilleure élection serait celle faite par un seul.

Ce dernier pourrait encore aussi abuser en trafiquant d'une nomination si importante.

Le remède sera d'employer une personne si hautement placée qu'elle ne puisse avoir aucun intérêt à ce trafic.

Aucune personne n'est plus élevée que le monarque.

Par conséquent, c'est le monarque qui doit choisir ses successeurs.

En outre, le monarque est le meilleur élec-
teur; car il choisit ses conseillers et ses successeurs, et personne n'est plus intéressé que celui
qui gouverne à ce que ses conseillers soient les
plus aptes, et à ce que ses successeurs continuent
la marche de ses principes.

Personne, non plus, ne peut avoir plus d'aptitude, d'occasions et de facilité pour faire cette
étude et assurer l'élection.

Il domine, il surveille, il fréquente, forme et
voit se former les hommes publics, et pour cela
c'est celui qui peut le mieux connaitre leurs qualités et les apprécier.

L'unique danger de cette élection c'est que le
monarque n'emploie dans le gouvernement ceux
qu'il devra élire, les intéressant ainsi au soutien
de ses mauvaises prétentions.

Le remède c'est d'empêcher qu'aucun de ceux
appelés à la succession de la monarchie puisse
gérer d'emploi public.

Il pourrait en élire un seul ; mais outre que le successeur connu au trône peut avoir des prétentions funestes, il peut y en avoir plusieurs d'aptes, et l'on doit profiter de toutes les capacités possibles.

Il sera plus convenable que le monarque en appelle plusieurs et qu'il en forme un corps qui le conseille, l'aide et fasse sous ses auspices le haut apprentissage du commandement.

Ce choix sera entièrement libre, et il n'y aura d'exceptés que ceux qui n'auraient point l'âge requis de quarante ans au moins, et les enfants et parents immédiats du monarque, lesquels ne pourront point être élus par lui-même.

Le successeur au trône sera celui que le monarque indiquera parmi eux, ou à défaut du monarque, celui qui sera élu par eux et parmi eux.

———

Ce système remplit toutes les conditions : car il

possède tous les avantages et exclut tous les vices des deux systèmes héréditaire et électif.

Il possède les avantages des deux systèmes ; car le monarque, ne tirant aucun profit d'un mauvais choix, le fera toujours bon ; car on montera au pouvoir seulement par le mérite et le successeur sera toujours apte.

Il exclut les vices des deux systèmes ; car il modère les ambitions en restreignant le nombre des éligibles ; il exclut les désordres, les intrigues et l'immoralité des électeurs en restreignant aussi leur nombre ; il donne du prestige aux gouvernants, parce qu'il les prépare de longue main, et le successeur n'aura point de mauvaises prétentions, car il ne sera jamais indiqué d'avance.

Rome moderne a canonisé ce système. Jamais aucune série de souverains n'a rempli plus complétement que les papes une mission plus difficile.

TRIBUNAUX.

La loi est l'expression de la volonté souveraine. Le magistrat est l'âme de la loi. Aussi la magistrature a-t-elle toujours été le principal attribut de la puissance souveraine.

La loi est la règle ; l'observance de la règle c'est l'ordre ; sans ordre il ne peut y avoir de société ; par conséquent il ne peut pas y avoir de société sans lois.

Les lois ne sont rien si elles ne sont point accomplies ; c'est aux juges à les rendre effectives. Sans juges les lois deviennent inutiles. Aussi le pouvoir judiciaire est-il la loi, la justice, le tout.

Si toutes les actions humaines pouvaient être

11

soumises à des tribunaux justifiés, les sociétés pourraient être parfaites.

Ainsi donc le secret des gouvernements est de soumettre toutes les actions possibles aux tribunaux qui auront le plus de garanties de justification.

Dans les démocraties, tout est sujet au jugement du peuple qui est le souverain. Celui-ci est le juge suprême, naturel, vrai et juste ; mais l'exercice de tous les pouvoirs par le peuple n'est ni possible ni convenable.

Il n'est pas possible, car le peuple n'en aurait point le temps nécessaire.

Il n'est point convenable, car la réunion de tous les pouvoirs, même aux mains du peuple, est funeste.

Celui qui peut tout, peut être injuste impunément ; et celui qui ne peut être puni doit être exposé le moins possible à manquer.

Quand le peuple peut tout, qui que ce soit peut tout entreprendre ; car tout est possible avec le consentement du peuple. De là les ambitions et les factions qui se croient tout permis, et qui forcent les peuples déchirés à se jeter dans les bras du despotisme pour qu'il les protége contre l'anarchie.

Aussi faut-il préserver le peuple de ses propres excès.

Le peuple, les hommes en général, de même que l'individu en particulier, doivent abandonner de l'exercice du pouvoir la partie qui pourra leur nuire, et ne conserver que ce qui sera nécessaire pour produire et assurer le bien-être de tous.

Les deux pouvoirs de l'état, le législatif et l'exécutif, appelé judiciaire, doivent être indépendants l'un de l'autre. Partout où ils seront réunis il peut en naitre l'abus.

Celui qui commande ne doit point dépendre de celui qui exécute : car alors l'exécutant deviendrait le législateur et il serait tout. Pour la même raison l'exécutant ne doit point dépendre du législateur.

Ainsi le monarque, comme législateur, ne doit point dépendre des tribunaux ; et les jugements des tribunaux ne doivent point non plus dépendre du monarque.

Donc le pouvoir judiciaire doit être indépendant du monarque et du peuple.

Mais pour ne point ériger les tribunaux en une autre souveraineté il faut rendre au peuple, d'une manière possible, l'exercice de cette grande prérogative.

Le peuple en masse ne peut se constituer en tribunal permanent ; mais il pourra se constituer en fractions qui alterneront et exerceront publiquement. Aussi le meilleur moyen sera-t-il la publicité et un grand nombre de juges.

Les tribunaux doivent se composer du plus

grand nombre de juges possible , et être susceptibles de grandes récusations, pour que la partia-
lité, la prévention et la fraude soient plus difficiles.

Les tribunaux doivent se composer de juges de
droit et de jurés , ceux-ci en plus grand nombre ,
mais dont l'assistance ne doit pas être obligatoire.

Toute la procédure doit être publique dans
toutes ses parties. Elle doit se faire verbalement,
à haute voix dans des lieux qui puissent contenir
un grand nombre de personnes et par le moins
d'actes possible. La publicité est ennemie de l'injustice.

Des tribunaux ainsi constitués doivent être
compétents pour toute classe de personnes, et
pour toute espèce d'actes criminels.

Tous les actes et délits publics et privés de tous
les particuliers et de toutes les autorités, y compris le roi, doivent être soumis aux tribunaux.

On en exceptera seulement les actes du roi, comme législateur, lesquels ne doivent être jugés que par le peuple.

Dans des tribunaux ainsi composés la multiplication des instances est inutile, et le premier jugement doit être sans appel. Ainsi quelquefois il pourra y avoir injustice, mais plus difficilement, et l'exécution sera plus prompte, et par cela moins vexatoire.

Seulement il y aura un autre tribunal qui pourra annuler le jugement pour défaut de formes essentielles.

————

La responsabilité des tribunaux ne peut ni ne doit être effective que dans leur mode de procéder : s'ils ne procèdent pas quand ils le doivent, s'ils procèdent lorsqu'ils ne le doivent pas, ou s'ils procèdent mal lorsqu'ils le doivent.

Il est bien plus facile d'exiger la responsabilité d'un seul que de plusieurs. Aussi y aura-t-il des juges uniques de droit qui initieront, régleront et seront responsables des poursuites. Il doit y avoir beaucoup de juges appelés à juger, car ils ne peuvent être responsables des sentences.

Cela fait, l'exécution des sentences doit être infaillible.

Il ne doit y avoir aucun pouvoir dans la société assez puissant pour dispenser des sentences, les empêcher ou les suspendre ; il ne doit y avoir aucune espèce d'asile, pas même dans les nations étrangères, pour en arrêter le cours.

1° Car l'exécution de la sentence c'est la vérification de la loi.

2° Car le châtiment sert d'exemple : l'exemple c'est la crainte de la peine, et l'on ne craint point la peine si elle n'est point infaillible, la crainte de la peine c'est la moralité ; sans la moralité il n'y a point de bonne union sociale possible.

3° Car toute offense faite à la société et qui reste impunie, invite à la récidive.

4° Car celui qui pardonne au délinquant devient son complice.

5° Car le pouvoir qui pardonne à un délinquant, s'enlève le droit de punir un autre, parce que tout criminel peut avoir plus ou moins de droit, plus ou moins de justice pour réclamer une égale exemption.

6° Car la justice et le pardon sont incompatibles. Celui qui de deux coupables en punit un, et pardonne à l'autre sera toujours injuste.

L'action de la loi doit être inflexible. Quand il en sera ainsi, la moralité acquerra le même caractère.

Lorsque la moralité arrivera à ce degré, l'action de la loi deviendra inutile.

Lorsque l'action de la loi ne sera plus nécessaire, les hommes arriveront au dernier degré de perfection possible.

MUNICIPALITÉS.

L'administration des communes par elles-mêmes serait plus facile, plus commode et plus juste; car personne ne connaît mieux ses intérêts que soi-même; mais elle détruirait l'unité qui est la base fondamentale de la fermeté du gouvernement.

Le monarque, c'est le chargé de la direction générale des affaires : tout doit être sous sa dépendance immédiate.

Il faut donc une administration municipale qui soit commode, facile et juste, et qui dépende du gouvernement.

En premier lieu il faut que l'administration

soit populaire ; car personne mieux que le peuple ne peut veiller à ses intérêts.

Comme le peuple ne peut ni ne doit le faire par lui-même en masse, car tout le monde se distrairait de ses occupations domestiques, il faut qu'il le fasse de manière à éviter cet inconvénient.

Le meilleur moyen ce sera que chacun y prenne part à son tour.

Ainsi donc la corporation municipale se composera d'un individu, au moins, de chaque classe de la société.

On formera une liste de tous ceux qui seront aptes, et chaque année il en sera renouvelé une moitié, laquelle elle-même se composera des plus âgés et des plus jeunes en égale partie.

La pauvreté ne doit point être un motif d'exclusion, et personne ne pourra être réélu.

Ces corporations administreront sous la dépendance du gouvernement.

Comme la municipalité est la fraction du peuple destinée à s'occuper des affaires, et celle qui doit avoir connaissance de ses besoins, elle doit avoir droit de pétition, et même d'initiative en son lieu.

Le monarque devra être obligé à donner la loi demandée par les municipalités.

Quand il ne le fera pas, les municipalités postulantes pourront le faire.

Les lois proposées par la municipalité n'auront de force que lorsqu'elles auront été approuvées par un vote exprès de la nation : c'est assez du vote tacite pour le monarque.

La constitution de l'état ne pourra être changée en tout ou en partie que par des pétitions légales, plus nombreuses que dans le cas ordinaire, et par là même déterminées et motivées : ou par un appel exprès au vœu de la nation dans une exposition, aussi déterminée et motivée.

Comme le pouvoir a toujours besoin d'être surveillé, le droit de pétition et d'initiative des municipalités ne cessera jamais dans aucun cas, pas même dans celui où l'on aurait la guerre.

De cette manière le peuple s'administrera par lui-même sans se distraire de ses occupations domestiques ; l'unité ne sera point détruite, car on conservera la dépendance, et on évitera l'usurpation, le pouvoir étant surveillé et contenu par le peuple.

NOMINATION DES EMPLOYÉS.

La faculté de nommer et de destituer les employés est un pouvoir d'une transcendance si grande qu'elle a toujours appartenu au souverain.

C'est un des plus grands pouvoirs qui s'exercent dans les sociétés. Ce pouvoir seul suffit pour transformer en despotes même les monarques nuls des gouvernements représentatifs.

L'emploi est le pouvoir, la fortune, la destinée des familles, le but des ambitions.

Celui qui pourra en disposer à son gré tiendra dans sa main le sort des familles, et la captation de sa volonté sera l'unique but de toutes les ambitions.

Il aura un pouvoir immodéré duquel il pourra abuser facilement et il fera déborder les ambitions.

Si on laisse cette faculté aux masses, elle n'en augmentera point le pouvoir souverain, mais elle fera déborder les ambitions et on ne pourra plus les contenir.

Les factions importuneront les masses par toute espèce d'obsessions : on mettra l'intérêt d'un seul ou de quelques-uns en opposition à l'intérêt général. Les factions corrompront ou égareront le peuple, et le convertiront en leur instrument en le faisant prendre part à leurs passions.

C'est l'origine et la cause de toutes les factions qui ont déchiré et perdu les républiques.

Ainsi cette faculté ne doit point être du ressort du peuple.

Cette faculté étant du ressort du monarque: la voix publique seule pourra la modérer.

Le peuple ne peut point s'occuper avec fruit de la connaissance des qualités personnelles des hommes ; il ne peut point les connaître à fond, et alors son influence peut être égarée ou devenir nulle ; par conséquent le peuple ne doit point modérer cette faculté dans le monarque.

Ainsi cette faculté dans le monarque doit être arbitraire.

Etant arbitraire, elle peut être funeste ; car elle donnerait au gouvernement un pouvoir immodéré duquel il pourrait abuser bien facilement, en disposant à son gré du sort de familles entières.

Des ambitions injustes déborderont ; car tout le monde pourra prétendre à des emplois qu'on ne devra qu'à la volonté du chef de l'état.

Les employés pourront être ineptes, car leur

nomination pourra ne pas émaner de leur mérite, mais bien de la faveur de celui qui doit les nommer.

Ils seront trop soumis à un gouvernement qui peut les sacrifier sans motif, et pour le servir et lui complaire ils sacrifieront leur devoir ; parce que leur appui ne sera point dans l'accomplissement de celui-ci, mais bien dans la volonté de celui-là.

Les employés seront immoraux ; car leur sort dépendant d'un caprice, ils chercheront à l'assurer illicitement pour le mettre à couvert, en cas d'une disgrâce injuste ou inattendue.

Restreindre le choix du monarque n'est pas possible ; car le peuple ne doit point intervenir en des questions de personnes.

Par conséquent personne ne doit avoir cette faculté arbitraire.

Il faut une combinaison qui favorise le mérite, réprime les ambitions, et ne donne à aucun pouvoir une faculté immodérée.

La capacité dans les premiers grades, la succession rigoureuse à tour de rôle, et la destitution par sentence produiront tous les effets désirés.

Nul, à moins qu'il n'ait fait les études nécessaires à la branche à laquelle il se destine, ne doit être employé.

Le titre de capacité obtenu dans les universités par le moyen d'un concours public doit être l'unique qui puisse placer chacun dans le premier poste de la carrière qu'il se proposera de suivre.

Le successeur de tout emploi vacant doit être nécessairement l'immédiat en catégorie.

Tout emploi qui ne sera point occupé par un rigoureux tour de rôle doit être gagné dans un concours public.

Aucun employé ne pourra être destitué que pour un motif prouvé qui le déclare inhabile légalement.

Dépouiller du pouvoir le mérite sans un motif juste est aussi funeste que de donner le pouvoir à celui qui manque de mérite.

L'homme supérieur tend à se mettre à sa place. Il y arrive ; et si ensuite il en est rejeté sans motif, l'état perd un bon serviteur, et l'on fait un mécontent sans nécessité.

Les républiques se sont souvent vues à deux doigts de leur perte pour ce motif.

Il faut prévenir cette difficulté, tout employé doit être inamovible.

De cette manière personne ne pourra abuser de ce pouvoir immodéré. Les ambitions injustes seront réprimées ; car les nominations ne dépendront plus d'une volonté arbitraire.

Les employés seront aptes parce qu'ils auront fait de bonnes études, et la preuve de leur aptitude sera dans la permanence de leurs emplois.

Ils seront indépendants et auront de la moralité ; car leur sort ne dépendra que de l'accomplissement de leurs devoirs.

La succession rigoureuse à tour de rôle n'a d'autre vice que celui d'exclure les personnes aptes n'appartenant point à cette branche d'administration.

Mais tous ceux qui appartiennent à une même branche d'administration étant aptes, la capacité ordinaire dans les autres n'est point nécessaire : la capacité extraordinaire peut être utilisée par le monarque en l'appelant au pouvoir suprême.

ARMÉE PERMANENTE

La nation qui maintiendra une armée permanente sur le pied de guerre ne peut avoir de sûreté ni dans ses lois, ni dans ses institutions, ni dans leur accomplissement.

L'intelligence ayant tout envahi, la guerre même est devenue une science : l'armée est une machine, les soldats en doivent être aussi obéissants et aussi muets que les rouages, et c'est aux chefs à en être les uniques moteurs.

Un chef qui disposera de cette manière de milliers de bras armés peut tout entreprendre impunément.

Ainsi il ne doit point y avoir d'armée permanente en temps normal.

———

Cependant les guerres sont possibles, et même nécessaires dans la situation actuelle de l'absolue indépendance des nations; et le meilleur moyen d'assurer la paix c'est d'être préparé pour la guerre.

Les puissances modernes maintiennent des armées permanentes, et il faut être prévenu contre une invasion.

C'est-à-dire qu'il faut être prévenu contre une invasion, mais ne point avoir d'armée permanente.

———

Ce n'est point le plus grand nombre d'hommes armés qui constitue aujourd'hui la plus grande force d'une armée, mais bien la supériorité de l'intelligence des chefs.

Il suffit donc alors de conserver en permanence des chefs, des officiers et des cadres, et même cette classe de troupe qui exige une instruction plus longue : le reste est entièrement inutile.

———

En outre tous les hommes utiles doivent recevoir l'instruction nécessaire pour être soldats au besoin : on n'en doit excepter que ceux absolument nécessaires pour l'administration et la subsistance des populations.

Ils doivent être exercés, enrégimentés si l'on veut, prêts au premier appel, mais désarmés.

Les armes doivent être aux mains du gouvernement, et n'être distribuées que dans un cas nécessaire.

L'instruction dont le soldat a besoin devra être reçue dans ses foyers ; ceux en permanence n'auront point d'autre occupation. Quant aux autres, ce sera sans préjudice de leurs occupations journalières. Cependant ni les uns ni les autres ne tiendront quartier que dans les cas d'urgence.

Tout soldat doit être volontaire.

L'autorité militaire sera toujours sous la dépendance de l'autorité civile, même en temps de guerre. Celle-ci est la tête ; celle-là, le bras.

Aux juges militaires n'appartiendront que les délits purement militaires.

Tous les gouvernements supérieurs doivent être civils. Les fonctions des chefs militaires, en temps de paix, ne doivent être que d'instruire l'armée ; en temps de guerre, d'exécuter.

———

Ce système remplira les deux conditions : celle

de n'avoir point d'armée permanente, et celle d'être préparé pour la guerre; il produira plus d'économie, les institutions seront sûres et les soldats seront meilleurs.

L'armée sera mieux préparée; car l'armée sera plus nombreuse, tous les hommes pouvant être soldats; car ces soldats seront plus aptes étant tous volontaires.

Aujourd'hui on dit que la première qualité du soldat c'est d'être patient; car on les oblige à souffrir sans cause, à se battre pour des causes étrangères à leurs sentiments, par caprice ou pour l'intérêt particulier de leurs gouvernants.

Pour cela il faut des soldats par la force, des hommes qui aient le moins à perdre et à penser, qui, par conséquent, mettent la crainte à la place de la conscience.

Les soldats par force sont l'ouvrage du despotisme pour soutenir l'usurpation et l'orgueil; mais quand la guerre ne sera ni ne pourra avoir lieu que par la volonté générale ; quand on se battra pour l'honneur national ; que chacun aura à défendre et sa famille et sa fortune, outre le devoir et la vie, alors tous les hommes seront soldats, et la propre conscience vaudra plus que tout.

Les nations qui ont le plus fait avec leurs soldats, sont celles qui ont ainsi armé leurs hommes, celles qui ont eu des soldats citoyens et qui n'ont point eu d'armées permanentes.

Les armées permanentes furent adoptées comme un mal moins grave que celui qui déchirait les peuples à l'époque la plus pitoyable de la barbarie, où il fallait assujettir les hommes à une discipline dure pour empêcher qu'ils ne se répandissent comme des bêtes féroces.

Vint ensuite le besoin d'assujettir des peuples conquis ou opprimés, ce qui prolongea ce mal. Lorsqu'il y aura un bon gouvernement, ces causes auront cessé et les effets en devront aussi cesser.

L'ostentation de force armée que font aujour-
d'hui les rois d'Europe, jusque dans les fêtes publiques, n'est qu'un souvenir de la conquête, et
un témoignage de l'oppression qu'ils font peser
sur les peuples.

LIBERTÉ DE LA PRESSE.

Le secret est un autre vice funeste des gouvernements égarés.

Le secret est le germe, le protecteur et l'abri le plus sûr des abus et des déréglements du pouvoir.

C'est dans le secret que s'engendrent, naissent, se forment, se fortifient et se développent les abus, dont les maléfices creusent l'abîme des calamités publiques.

La publicité les prévient, ou elle les dissipe comme la lumière dissipe les ténèbres.

Personne n'ose mettre le vice à découvert;

tout le monde cherche à en cacher les défauts :
hommage éternel rendu à l'opinion publique.

L'homme ne désire rien plus avidement que
l'approbation de ses semblables. Aussi l'opinion
publique est-elle la divinité la plus ancienne et la
plus puissante. Dans les monarchies on l'appelle
honneur, dans les démocraties on l'appelle gloire.
Rien n'a produit plus de faits sublimes. Les pays
où elle a régné sont la patrie des héros.

Dans les monarchies absolues le roi est l'état,
l'opinion publique c'est la sienne, c'est le culte
de sa personne, l'abnégation des affaires publiques, l'obligation à la résignation.

Le gouvernement qui ne consulte point l'opinion publique, qui ne s'appuie point sur l'opinion publique, ne peut pas savoir remplir les
besoins publics, il ne va point à son but : il est
essentiellement mauvais.

Pour que le gouvernement soit bon il faut donc

qu'il consulte l'opinion publique et qu'il s'appuie sur elle.

Pour qu'il puisse la consulter et la connaître il faut qu'il y ait une extrême facilité de la manifester.

Les anciens la consultaient sur les places publiques. De nos jours il y a un autre moyen plus commode et plus sûr : c'est la presse.

La presse peut être le véhicule le plus commode, le meilleur instructeur et le miroir le plus fidèle de l'opinion publique.

Le véhicule le plus commode, parce qu'il peut instruire et faire connaître le jugement des masses sans les habituer à la vie de la place publique.

Le meilleur instructeur, parce que beaucoup de gens parleront, et les uns seront garantis par les autres.

Philippe achetait les orateurs d'Athènes ; mais

personne ne pourrait acheter tous ceux qui pourraient écrire dans une nation qui jouirait de la vraie liberté de la presse.

Le miroir le plus fidèle ; car lorsque tout le monde aura la faculté et la facilité d'écrire, la presse sera le réflecteur infaillible de l'opinion.

Mais pour que la liberté de la presse produise des résultats, il faut qu'elle soit vraie : celle qui existe aujourd'hui n'est pas vraie.

Aujourd'hui personne ne peut faire imprimer, s'il n'a un capital à aventurer ; faible, si c'est un livre ; considérable, si c'est un journal.

Aussi les journaux ne représentent et ne peuvent représenter que l'opinion de leurs propriétaires ; et un seul homme peut ainsi usurper le pouvoir de l'opinion publique.

Aussi la liberté de la presse n'existe-t-elle point : elle est falsifiée dans son origine ; elle se convertit en une arme de parti et elle produit les plus mauvais résultats.

Afin que la liberté de la presse soit positive, il faut que tout homme qui a voix publique puisse publier sa voix par la presse, avec la même facilité qu'il peut le faire par l'usage de la parole.

A cette fin le gouvernement doit soutenir des journaux où chacun puisse émettre son opinion raisonnée sur les affaires publiques.

Le gouvernement aussi devra s'en servir pour instruire le public de tous ses projets et de tous ses actes.

Il devra avoir en outre un bureau dont les employés n'auront d'autre tâche que de l'instruire journellement de tout ce que diront les journaux relativement aux intérêts publics.

Les journalistes doivent être versés dans l'histoire ancienne et moderne, ainsi que dans l'économie politique.

De toute autre manière la liberté de la presse
ne sera pas vraie.

FINANCES.

Mettre de l'ordre dans le réglement de l'administration des finances est une des nécessités les plus impérieuses des sociétés modernes.

Les dettes des nations est ce qui figure en première ligne après leurs dynasties, comme le thermomètre de leur crédit et des probabilités de leur existence.

L'argent est devenu aujourd'hui non-seulement le levier le plus puissant, mais encore le besoin le plus exigeant des sociétés.

La nation qui n'a point son trésor bien pourvu,

ou qui ne peut point remplir ses coffres dans un moment de détresse, est perdue.

———

Toutes les nations peuvent subvenir à leurs besoins ; car l'effort de tous peut tout ce qui est possible.

Par conséquent lorsqu'une nation ne satisfait point à ses besoins, son trésor étant vide, ce n'est point parce que les contribuables ne peuvent point, mais bien parce qu'ils ne veulent pas le remplir.

La cause de cette résistance ne peut provenir que du doute que les quantités dont ils contribueront seront appliquées à leurs besoins, ou de la certitude qu'on les appliquera à des choses différentes.

Lorsqu'un peuple sait que ce qu'on exige de lui est nécessaire, et qu'il est sûr que ce qu'on lui demande sera employé à ses besoins, il ne connaît point de borne à ses sacrifices.

Par conséquent ce qu'il y a d'important c'est de faire connaître à tout le monde que tout ce qu'on paye est employé fidèlement et uniquement à satisfaire les besoins de tous ; en somme qu'il y a une bonne administration.

Pour savoir s'il y a une bonne administration, et pour forcer à ce qu'elle ait lieu, il faut qu'il y ait des comptes courants.

Les comptes étant donnés et approuvés périodiquement par ceux à qui il appartiendra, l'administration doit forcément être bonne.

Quel est celui qui doit rendre les comptes ?

La réponse n'est point douteuse. La difficulté gît en celui qui devra les recevoir.

Commissionnera-t-on quelqu'un ? Et qui com-

missionnera-t-on pour surveiller les commissionnés ?

Là, comme dans la modération du pouvoir, on
tombe dans le cercle vicieux des commissionnés,
duquel il n'est point possible de sortir à moins
de recourir au principe primitif et éternel de la
suprématie du peuple, unique juge compétent de
toutes les questions indissolubles.

Les employés supérieurs les recevront des in-
férieurs, et cela, chacun dans sa classe respec-
tive ; mais les uns et les autres devront rendre
compte au peuple, qui est le véritable maitre.

Le secret est l'unique cause ou l'unique refuge
de la mauvaise administration des fonds publics ;
la publicité la détruira et les effets en seront
aussi détruits.

On doit journellement imprimer, publier et
répartir gratis dans les lieux publics de tous les
endroits un compte des charges et dates de toutes
les rentrées et dépenses du jour.

Le compte devra être si exact qu'il ne devra point se borner à des sommes, mais bien à ce qu'aura payé chaque contribuable avec son nom en regard.

On ne recouvrera ni ne payera aucune quantité de contributions sans un reçu signé par le percepteur, où seront expressément énoncés la quantité et le nom du contribuable.

On en fera autant pour l'emploi de l'argent.

Ainsi chacun saura l'usage fait ou à faire de sa quotité.

De cette manière, il n'y aura point de fraudes dans la perception et dans l'emploi de l'argent.

Ainsi les contribuables, sachant que la dépense est nécessaire, qu'elle est appliquée religieusement et que ce sont eux qui doivent la payer, le feront toujours avec empressement.

Le peuple payant toujours avec empressement,
ou pourra toujours répondre à ses besoins.

RELIGION.

La religion est la corde la plus sensible des sociétés humaines : chaque fois qu'on y touche elle produit des sons douloureux et profonds ; on n'y doit toucher que le moins possible.

La religion n'est que l'assertion de ce que n'atteint point l'esprit ; pour faire croire ce que n'atteint point l'esprit il faut la foi : la foi est le silence de la raison.

Le manque de raison dans un homme en colère est terrible ; chez les peuples elle a produit les plus désastreux résultats.

Jamais aucune cause n'a produit plus de guerres, plus de désastres et plus de supplices.

On attribue trois grands bienfaits à la religion : la moralité, la facilité de conduire les peuples et la résignation dans les malheurs.

La religion n'est ni l'unique ni la meilleure source de la moralité.

La moralité, c'est la croyance intime du devoir. La croyance est le fruit des faits ou de la doctrine. Les faits enseignent par eux-mêmes et les doctrines sont d'autant plus convainquantes qu'elles sont plus rationnelles, plus convenables et plus justes. Rien de plus rationnel qu'une bonne législation pénale ; car c'est une doctrine qui enseigne par des faits.

Par conséquent la moralité la plus sûre est celle qui provient d'une juste crainte du châtiment.

Le châtiment n'est point à craindre s'il n'est sûr, prompt, visible et juste.

Les châtiments de la religion ne sont ni sûrs, ni prompts, ni visibles, ni justes.

Les châtiments de la religion sont éloignés, cruels on ne peut plus, incompréhensibles, invisibles, et pour cela même ils semblent injustes et incertains.

Aussi la même énormité du châtiment rend nécessaire la facilité du pardon.

Rien de plus facile à obtenir que le pardon des délits religieux.

Où il y a facilité de pardon, il n'y a point de crainte d'être puni ; où il n'y a point de crainte d'être puni, il n'y a point de moralité.

Aussi les croyances religieuses ne sont point celles qui moralisent le mieux les peuples.

Celui qui sait qu'il doit être pardonné manque facilement ; aussi personne ne se moque-t-il plus de la moralité, de Dieu et de ses préceptes que les crédules et les superstitieux. Le moyen âge fut l'âge des croyances et des crimes.

———

La religion facilite la conduite des peuples, mais en les berçant d'illusions.

Rien de plus facile que de conduire et de jouer un homme à qui l'on a mis un bandeau sur les yeux ; mais une fois le bandeau arraché, on abhorre le conducteur, eût-il été fidèle et sûr.

Tous les préceptes de la religion sont bons, mais accompagnés de principes dont l'esprit ne saisit point la vérité ; et une fois qu'on a découvert l'incertitude de ceux-ci, on déteste ou l'on méprise ceux-là par la considération seule des moyens dont on a usé pour les inculquer.

A cause de cela il semble que la civilisation corrompt ; car de la découverte d'une erreur naissent les réactions et la propension à croire tout le reste mensonge.

———

La religion ne produit que le bien, inappréciable pour l'homme, de lui faire supporter avec résignation et satisfaction les peines de la vie.

Les religions donnent la certitude d'une autre vie après la mort. L'athéisme la nie ; le scepticisme en laisse l'espérance. Le vulgaire préfère la certitude ; les sages rejettent toute affirmation ; mais bien peu d'hommes s'accommodent de l'espérance.

Aussi la religion est-elle l'appui de la faiblesse humaine. L'illusion est pour l'homme ce qu'est la réalité. Voilà pourquoi s'il n'y avait pas de religions, on les inventerait ; pourquoi, si l'on voulait les anéantir, cela serait impossible.

Le gouvernement est l'exercice de la raison. La religion est la suspension de cet exercice. Lorsque celui qui exerce sa raison domine celui

qui ne l'exerce point, on peut tout espérer. Dans
le cas contraire, on doit tout craindre.

Aussi les religions peuvent-elles être un obstacle pour un bon gouvernement; car les ima-
ginations exaltées sont difficiles à conduire , et
rien n'exalte plus les hommes que les sentiments
religieux. Les autres sentiments enthousiasment,
la religion fanatise.

Un Romain laissa brûler sa main sur un bra-
sier; les sectaires que faisait brûler Henri VIII
embrassaient et caressaient les charbons brû-
lants.

La loi ne peut rien contre ces croyances in-
domptables; et des hommes contre lesquels la loi
ne peut rien , ne peuvent être bien gouvernés.

Comme croyance la religion ne peut être
commandée , car on désobéirait au commandement.

Elle ne peut être modifiée ; car, une fois le premier principe admis de reconnaître pour vrai ce que l'on ne sait point, il faut admettre la rigoureuse conséquence que tout ce que l'on voudra peut être vrai.

On ne peut pas punir la croyance, car en le faisant on la fortifie. Le martyrologe romain a été le noyau du christianisme.

On ne pourra probablement jamais éteindre les croyances ; et, les eût-on éteintes, il serait facile qu'elles vinssent à renaître, parce qu'elles ont leurs racines dans le cœur et dans la faiblesse de l'homme.

L'homme est enclin à croire ce qui le flatte. Il inclinera toujours à croire qu'il ne meurt point avec la mort, et qu'ailleurs il jouira de félicités qu'il n'a pu obtenir dans ce monde.

La démocratie pourrait profiter de ces instincts, de même que le despotisme les a exploités si longtemps ; mais un gouvernement sérieux et juste ne doit pas avoir besoin de s'appuyer sur un mensonge.

Quel moyen reste-t-il donc à un gouvernement philosophique pour combattre une cause si féconde en obstacles et en désastres ?

Aucun : les égarements de la raison ne peuvent être empêchés, pas plus qu'ils ne doivent être punis. Ce que doit un bon gouvernement, c'est d'empêcher seulement qu'ils ne puissent nuire.

La croyance doit être aussi libre que la pensée.

Croire comme certain une chose qui peut ne point être, c'est peu raisonnable ; prétendre commander qu'on y croie, c'est folie ; mais vouloir façonner la croyance à la force, c'est punissable.

Chacun doit pouvoir penser et agir publiquement et en particulier comme bon lui semble, pourvu qu'il respecte les lois établies.

La croyance religieuse, comme un torrent impétueux, pourra s'irriter de la contrariété et tout entraîner avec soi; mais si on la laisse libre dans sa marche, elle rencontrera son niveau et restera tranquille.

L'homme doit régler la moralité de sa vie comme si toutes les religions étaient vraies; régler sa croyance comme s'il n'y en avait aucune.

Le gouvernement doit se circonscrire à soumettre aux lois les actes nuisibles, et laisser libres les croyances partout où il y en aura de distinctes, sans les blesser jamais, ou en les froissant le moins possible.

ÉDUCATION.

L'éducation est le moule de l'humanité. Une fois qu'on a jeté la masse de l'enfant, il peut en sortir la figure d'homme que l'on voudra.

Cependant l'homme a ses proportions fixées par la nature : on peut les rectifier ou les diriger, mais on doit toujours les respecter.

Si on les laisse se former au hasard, elles croîtront informes ou vicieuses ; si on les comprime trop, la figure pourra en être aussi belle que possible, mais les formes comprimées tendront à leurs dimensions naturelles, et alors elles les prendront avec l'exagération d'une réaction provoquée.

Ainsi se formèrent les Régulus, les Léonidas, les Spartiates qui mouraient sans se plaindre au milieu des tourments, ainsi que les esclaves des Césars, des papes et des sultans.

C'est l'éducation seule qui change la face des peuples; les races n'ont point encore dégénéré. Parmi les paysans de la Campagne de Rome et les soldats athéniens du prince bavarois, on voit des bustes semblables à ceux de Caton et de Miltiade.

Le physique existant, les capacités existent aussi, et la génération d'aujourd'hui peut être aussi bonne ou même meilleure que celle des anciens.

———

L'homme qui, dès son bas âge, aura été élevé dans des principes exagérés d'une absolue absti-nence, sera un modèle d'une conduite irrépro-chable; mais arrivé à la force de la virilité, il ne pourra résister à ses instincts, il brisera les liens de l'autorité paternelle et il se jetera dans les plaisirs, et cela avec d'autant plus de violence et de déréglement que la sujétion dans laquelle on l'aura tenu aura été plus grande. Il usera sa santé et sera perdu.

Le gouvernement qui élèvera ses peuples dans un système rigoureux et plein de privations, les contiendra seulement dans leur jeunesse ; mais, une fois adultes, ils briseront tous les liens et se livreront à tous les vices.

Les républiques anciennes savaient que, pour subsister, il fallait que les générations fussent guerrières : alors pour être guerrier il fallait la force corporelle ; la force corporelle ne s'acquiert que par de rudes travaux et des privations. Elles élevèrent les hommes par toute espèce d'abstinences et d'exercices ; elles purent, par ce moyen, les contenir quelque temps ; mais ils se fatiguèrent bien vite et se ruèrent dans l'autre extrême : ils devinrent mous et efféminés, et tombèrent dans une dégénération incroyable.

Les extrêmes sont funestes, même jusque dans le bien. Dans aucun système de gouvernement il n'y a plus d'égalité que dans les républiques, et personne n'a donné d'exemple d'une plus ridicule vanité et d'une plus sordide avarice que les républicains.

Un Spartiate, au temps où la république de Sparte était à son plus brillant apogée, supplia un roi de Perse de lui permettre de se promener un jour triomphalement avec sa tiare sur la tête, comme pour apaiser, s'il est permis de le dire, pendant un moment, la soif ardente d'honneurs qu'avait allumée en lui la rigide simplicité de ses lois.

Un autre offrit de vendre toute la Grèce en échange de la main d'une princesse de Perse. Et il n'y a point eu de servitude plus dure et plus honteuse que celle qu'ont soufferte les descendants de Brutus et de Thrasybule.

Au contraire les gouvernements despotiques permettent au peuple tout, excepté l'usage de leurs droits : aussi le jour qu'ils se les arrogent, ils en abusent.

Ni les hommes ni les peuples ne doivent être élevés dans des principes extrêmes, soit de licence, soit de privation.

———

La rigide éducation des républiques anciennes a un avantage et deux inconvénients.

L'avantage de produire des hommes éminents.

Deux inconvénients : l'un de prendre trop de temps à l'élève ; l'autre de trop comprimer les instincts naturels.

Du premier vient la difficulté qu'a l'homme de se livrer aux soins domestiques.

Des deux, qu'on supporte impatiemment un joug contraire à la nature.

Il faut un système qui produise de grands hommes, sans qu'il puisse empêcher de veiller aux soins domestiques, et sans contrarier en rien les principes naturels.

En outre, aujourd'hui, le système d'éducation publique des anciens serait impossible. Les états d'aujourd'hui ne sont point de petites villes comme Sparte et Rome, où tout le monde pouvait presque vivre en famille, sans besoins et sans désirs, et où la force du corps et l'esprit de patriotisme suffisaient pour faire face à tout.

Aujourd'hui les états sont grands, immenses. Peut-être dans les masses pourrait-on restreindre et modérer les désirs, mais les besoins sont infinis.

Aujourd'hui la force corporelle n'est point le premier élément du pouvoir, et toutes les républiques anciennes seraient réduites en cendre dans une campagne, si elles n'étaient point au niveau des avancements modernes.

Aujourd'hui la science est tout. Chaque jour on avance d'un pas. Aujourd'hui nous sommes plus avancés qu'hier. Il faut incessamment marcher et savoir tout ; car malheur à ceux qui restent en arrière. Aussi l'éducation doit-elle être distincte.

Aujourd'hui on doit ouvrir à tout le monde les portes du savoir, et n'omettre aucun moyen de découvrir, de former et d'animer toutes les intelligences.

Dans toutes les carrières, emplois, professions et occupations, on doit avant tout exiger le savoir et l'étude.

Tous les hommes d'étude doivent avoir fait un cours complet d'histoire ; car la science c'est l'histoire.

Rien ne forme mieux le cœur de l'homme que les grands modèles.

La gloire de Miltiade ne laissait point de repos à Thémistocle ; aussi apprit-il à le surpasser.

La connaissance des grands hommes apprend à les imiter. Les peuples sont barbares ou dégénérés parce qu'ils ignorent ce que d'autres ont été et ce qu'ils peuvent encore être eux-mêmes.

Cependant tous les individus ne peuvent ni ne doivent se consacrer aux sciences, et les masses ne peuvent ni ne doivent avoir une éducation scientifique.

Il vaut bien mieux les laisser s'occuper à leurs travaux domestiques. Le travail est le lot naturel de l'homme. Par le travail il remplit la destinée de sa nature.

Le travail fait son bonheur, sa vie, et l'on ne doit point l'en distraire ; on doit le respecter dans cette occupation sacrée.

On ne doit exiger pour les masses d'autre éducation que celle absolument nécessaire pour que le gouvernement puisse produire sur elles les bienfaisants effets de ses institutions.

Le gouvernement a besoin de bien conduire les gouvernés. Le droit c'est la nécessité. Aussi le gouvernement a-t-il droit d'exiger des gouvernés tout le nécessaire pour bien les conduire ; mais le nécessaire seulement à cet effet.

Pour que les hommes puissent être bien conduits il faut qu'ils aient le critérium afin de distinguer quand ils ne le sont pas, et de pouvoir ramener dans le vrai chemin leurs conducteurs égarés ; il faut qu'ils aient l'esprit bien formé et les facultés politiques convenables à ce sujet.

Pour ce dernier cas il faut une constitution politique ; pour le reste il faut l'exercice du corps, la culture de l'esprit et les principes de la morale ; car la moralité produit la meilleure pratique du devoir.

Aussi le gouvernement a-t-il le droit d'exiger que tout le monde assiste aux écoles, le temps nécessaire pour former le corps par les exercices gymnastiques, et préparer l'esprit par l'apprentissage de la lecture, de l'écriture, du calcul, de la géographie et de l'histoire ; et surtout pour graver dans le cœur le devoir de respecter les lois approuvées par le peuple, et de sacrifier jusqu'à sa vie pour leur exécution.

Le gouvernement doit intervenir dans l'enseignement public, et en régler chaque espèce.

Nulle étude faite en dehors des établissements publics ne doit servir pour aucune carrière ou aucun emploi public.

Le clergé ne doit point exercer d'emploi public ou d'enseignement, excepté l'enseignement religieux.

Personne ne pourra se consacrer à l'étude ou préparation de la carrière religieuse avant sa vingt-cinquième année.

Dans tout le reste on doit laisser aux masses une liberté absolue.

L'action du gouvernement sur les masses doit être semblable à celle du jardinier sur les plantes, non du jardinier qui coupe et torture l'arbre pour en former des figures capricieuses ; mais de celui qui cherche seulement à le redresser, à le fortifier, à donner aux branches une bonne direction, laissant pour tout le reste la nature agir librement, la fortifiant et l'aidant suivant la nécessité.

On doit promettre aux hommes, ainsi qu'aux peuples, l'usage de tout, mais jamais l'abus de rien ; l'usage de tous les plaisirs, de tous les droits, la liberté de faire tout ce qui ne préjudiciera pas aux autres.

La loi ne doit être que le rempart qui renferme le champ immense de toutes les jouissances naturelles, et qui empêche de nuire aux autres. A qui n'en sort point tout doit être permis.

Ces hommes aidés par l'exemple de leurs sages,

doués d'une constitution physique saine et robuste ; jouissant de la satisfaction modérée de leurs besoins, et du bien-être que doit leur procurer le gouvernement ; ayant la moralité que produira l'accomplissement nécessaire de leurs devoirs domestiques et civils ; la faculté et la possibilité de jouir de tout et d'aspirer à tout, et la dignité et le courage que leur prêtera leur position politique ; participant au gouvernement comme partie active de la souveraineté ; ces hommes ont tout : ils n'ont besoin de rien.

Là sont comprises toutes les espérances, tous les désirs et toutes les satisfactions humaines. Ainsi on peut aspirer à tout légitimement ; aucune jouissance n'est défendue ; aucune mauvaise action n'est permise.

Des hommes ainsi élevés aimeront, sans jamais s'en lasser, une situation si facile, si aisée et si conforme à leurs instincts, et ils seront capables de tout ce qu'ont été et de tout ce que peuvent être les autres hommes.

DU MARIAGE.

Le mariage est l'état naturel de l'homme. L'homme est né pour vivre avec la femme. Aucun pouvoir humain ne pourra empêcher l'accomplissement de cette loi de la nature.

Cependant l'homme de la société n'est point l'homme sauvage. Il a changé, il a modifié sa situation pour l'améliorer.

Il a augmenté ses besoins, ses jouissances, ses habitudes, ses exigences ; il a compliqué sa manière d'être ; il a rendu sa vie différente de la vie naturelle.

Aussi ses habitudes, ses jouissances et ses besoins ont été forcés de se soumettre à de nouvelles lois sociales, lesquelles souvent sont obligées de modifier les lois naturelles.

La liberté pour l'union des deux sexes dans l'état naturel était absolue; il n'y avait d'autre restriction que celle de la force.

Cette loi naturelle produisit des abus dans la société, et on a cru qu'il fallait la modifier.

———

Quel sera le moyen de modifier une loi naturelle qui, comme celle de l'union des deux sexes, entraîne un besoin de notre être? Ce sera de réprimer l'abus, mais jamais l'usage; de respecter le principe ineffaçable, le contrariant et l'empêchant le moins possible.

———

La modification qu'a reçue le mariage dans l'Europe civilisée, est l'indissolubilité du lien.

Cette modification ne remplit aucune des conditions. Elle est irrationnelle, elle réprime l'usage, attaque le principe et est en guerre avec la loi éternelle de la nature.

Irrationnelle, car la raison nous apprend qu'il n'y a rien de stable dans l'humanité, et que notre volonté est justement variable à l'impulsion des circonstances.

Elle est en guerre contre la loi de la nature; car elle l'obstrue en lui opposant un grand obstacle. L'homme tremble devant un précepte qui répugne à sa raison ! Par conséquent, ce précepte réprime l'usage et attaque le principe.

———

Mais l'indissolubilité est supposée nécessaire.

Premièrement pour mettre le sexe faible à l'abri des caprices du fort.

Secondement pour assurer le bien-être des enfants.

Troisièmement pour prêter protection à la morale publique.

Aucun de ces trois motifs n'est suffisant.

La solubilité du lien ne s'oppose point au premier : on peut protéger la femme contre les caprices de l'homme en ne permettant point la dissolution par caprice, mais bien pour un motif juste.

Le second a toujours paru le plus fort. Mais le bien-être des enfants peut être assuré, au moins de la même manière sans l'indissolubilité du lien.

Si l'on considère la dissolution du mariage

comme un mal pour les enfants, que l'on dissolve seulement le lien des époux, et que celui des pères reste subsistant.

Alors les deux époux disjoints ne pourront point veiller ensemble sur leurs enfants; mais les deux époux unis les soignent-ils alors que l'un d'eux vient à mourir, ou que la dissension ou le crime les sépare de fait?

Que les nouveaux liens des nouveaux mariages ne diminuent en rien les anciens liens contractés envers les enfants, et alors subsistera le devoir de la surveillance simultanée sur eux. Les veufs se marient deux et trois fois, et ne prennent pas moins soin de tous leurs enfants.

Alors il arrivera la même chose, avec la différence que maintenant seulement l'époux veuf prend soin des enfants, au lieu qu'alors les deux époux s'en chargeront, et il n'y aura point le surcroît du mauvais exemple que donnent aujourd'hui les époux brouillés.

Quant au troisième, l'indissolubilité du lien, loin de protéger la morale publique, la relâche et la corrompt.

Que personne ne s'unisse à la femme sans un lien indissoluble, a dit un double précepte civil et religieux, et jamais les liens des deux sexes n'ont été plus solubles, plus instantanés. Les mêmes liens indissolubles se rompent de fait à chaque pas, malgré toutes les lois, malgré toute la vigilance et malgré tous les châtiments.

On a voulu restreindre l'abus de l'accouplement, des unions illégitimes, assurer le bienêtre des enfants, éviter la corruption et le déréglement d'un besoin aiguillonné par le plaisir.....

Eh bien, jamais l'abus de l'accouplement n'a été plus facile ni les unions illégitimes plus sûres et plus multipliées. Il n'y a jamais eu plus de bâtards et d'enfants déshonorés ; et la corruption s'est répandue dans les sociétés d'une manière si alarmante qu'elle s'est infiltrée jusqu'au fond de ses entrailles.

Il ne pouvait en être différemment : les sexes se cherchent, se trouvent; ils se heurtent contre l'obstacle de la loi, et entre la loi civile et la loi naturelle le choix ne peut être douteux.

En vain punit-on le viol; en vain l'époux peut-il tuer impunément son rival; en vain la femme publique est-elle marquée d'un stigmate infâmant : le viol est incessant, les infidélités chaque jour se multiplient, et l'on ridiculise les persécuteurs, et la prostitution et les femmes publiques sont une nécessité qu'en vain on cherche à réprimer, et déjà une nation policée s'est vue dans la honteuse obligation de les autoriser.

———

L'indissolubilité corrompt aussi la morale publique, car elle provoque au célibat.

Le célibat est un état contraire à la nature.

que l'on ne garde point par goût, mais bien par force, à cause d'une législation vicieuse.

Par conséquent, ce qu'évitent généralement les célibataires, ce n'est point d'accomplir la loi naturelle, mais de l'accomplir par les moyens irrationnels de la loi civile ; et comme ils ne peuvent pas se soustraire à la loi naturelle, on les force, pour l'accomplir, à se jeter dans le sentier illégitime.

Ainsi donc on force tout célibataire ou à violer incessamment les lois civiles et morales, ou à étouffer toutes les affections les plus douces de notre être.

Généralement c'est le premier qui a lieu, et aussi presque la moitié de la société conspire-t-elle contre les lois les plus sacrées, soit civiles, soit morales, et les enfreint-elle, et cela en maintenant vif un cancer de corruption qui étreint tout le corps social.

Ce pendant aujourd'hui le célibat n'a rien

d'étrange ; au contraire, c'est un état aussi commun dans la société que le mariage, et il est compatible avec toute espèce de vertus.

C'est la critique la plus efficace qu'on puisse faire de l'institution du mariage ; institution si mauvaise qu'il est bien reçu de la craindre, de l'éviter et même de la détester. Ceux qui l'enfreignent peuvent être vertueux.

On peut encore ajouter aux maux de l'indissolubilité celui de l'indifférence des contractants.

On ne désire rien moins garder que ce que l'on ne craint point de perdre. Les époux sachant qu'il est impossible de rompre leur lien, ce qu'ils cherchent le moins c'est de le fortifier, parce qu'il n'est point nécessaire de fortifier une chose qu'on ne peut point rompre.

Mais comme cette impossibilité est fictive, il

en résulte qu'en ne fortifiant point le lien on l'affaiblit, et, une fois affaibli, il se rompt de fait, lors même que la loi s'efforce de le proclamer indissoluble ; et de là tous les maux qui sont la conséquence d'un mariage subsistant et en désaccord.

La dissolution du mariage étant possible, on tarit cette source de démêlés. Les époux craignant de se perdre, chercheront à se conserver, et la vie domestique deviendra plus facile.

Par conséquent, la modification actuelle ne suffit plus, elle est impuissante ; loin de produire les effets qu'on en attend, elle en produit de contraires.

Il en faut une autre qui remplisse les conditions voulues de réprimer seulement l'abus en respectant l'usage.

———

L'indissolubilité du lien étant impuissante et

pernicieuse, il faut la solubilité. Reste seulement à connaître dans quels cas elle doit avoir lieu.

La solubilité ne devra avoir lieu que dans des cas précis et déterminés ; car l'union des sexes est nécessaire, et tout ce qui est nécessaire et utile doit être conservé tout le temps possible.

Le dissentiment mutuel des contractants doit être la première cause de dissolution ; car son action est infaillible. Le dissentiment mutuel est une de ces choses dont les conséquences subsistent en dépit de la loi.

De même que deux personnes ne peuvent point se quereller si une d'elles ne le veut point, de même une convention ne peut point subsister quand les contractants ne le veulent point.

C'est en vain que la loi commande : lorsque deux époux ne veulent point vivre en bonne harmonie, ou ils se séparent de fait, ajoutant le scandale à la désobéissance, ou bien ils conservent seulement les apparences, et le mal, le désordre, le malheur des familles va en augmentant.

La loi qui ordonnera de respecter le mutuel dissentiment est si rationnelle, si nécessaire, que les effets en seront toujours justes. Quoiqu'il puisse en résulter quelque mal pour ceux qui seront en dissentiment, ils ne pourront se plaindre à personne, car ce seront eux-mêmes qui s'imposeront la loi.

— — — —

L'adultère doit être une autre cause suffisante pour la dissolution du mariage.

Ce délit dans la femme peut troubler la paix de la famille en infâmant l'époux, et amener dans le mariage des enfants qui ne soient point de lui. Cela détruit donc la cause ou le but de l'institution, qui est de vivre en paix en soignant les enfants qu'on a eus.

L'infidélité de l'époux n'est point une cause identique, car elle n'infâme point la femme, ni n'amène d'enfants dans le ménage ; mais elle est aussi puissante que l'autre : car elle impose à l'époux des obligations illégitimes, et le distrait de remplir les devoirs conjugaux.

L'impuissance devra aussi être une cause de dissolution comme empêchant directement un des principaux buts qu'on se propose par le mariage.

Ainsi, le mariage pourra être rompu par le mutuel dissentiment, par l'adultère, et par l'impuissance de l'un des deux conjoints.

Tous deux doivent être entièrement libres pour contracter de nouveaux liens conjugaux ; mais en maintenant toujours ceux qui les lient aux enfants qu'ils ont eus dans les mariages dissous.

Cette modification de la loi naturelle remplit toutes les conditions, et elle est exempte de tous les vices de celle actuelle.

Elle protége le sexe débile des caprices du fort; car la dissolution ne peut avoir lieu qu'en des cas prévus, déterminés et justes.

Elle assure le bien-être des enfants ; car pour eux, jamais l'obligation des pères ni ne se dissout ni ne se relâche.

Elle fortifie la morale publique ; car les époux ayant des moyens légitimes de rompre les liens qui les unissent quand le cas se présentera, et ayant la liberté d'en former d'autres légitimes, ils ne se verront point obligés de recourir à des liens illégitimes.

Elle réprime les abus de l'accouplement en facilitant l'usage, et elle signale et soutient les devoirs qui découlent de leurs conséquences ; mais elle honore et respecte le principe naturel dans tout ce qui est possible, en écartant de l'union des sexes l'obstacle irrationnel de l'indissolubilité qui effraie justement la raison.

————

Ainsi donc tous les obstacles qui pourraient empêcher l'union des deux sexes étant écartés, le célibat doit être proscrit.

Alors tous les hommes doivent avoir des femmes légitimes.

Alors, nul n'étant point légitimement marié à l'âge où il pourra l'être, ne doit jouir d'aucun des droits civils.

PAUPÉRISME.

Le paupérisme est la plaie la plus honteuse des sociétés modernes : c'est une accusation vivante, perpétuelle et incontestable contre les gouvernants ; c'est leur délit le plus punissable.

Les hommes, dans la société, sacrifient une partie de leurs droits pour assurer les autres : ils se privent de leur liberté naturelle, ils déposent une partie de leur pouvoir, ils s'assujettissent aux privations des lois pour que celles-ci leur donnent le bien-être, ils ne sont soumis et obéissants que pour leur propre intérêt.

La société doit donc soumission au gouvernement ; le gouvernement doit donc le bien-être général à la société.

C'est un pacte mutuel. Quiconque des deux y manquera, peut être obligé par l'autre à son accomplissement.

C'est ce que font les prolétaires lorsqu'ils se jettent dans les révolutions. Le gouvernement qui ne veille pas au bien-être de tous les hommes n'est point digne de l'appui de tous.

La misère exclut toute idée de félicité ; par conséquent c'est le premier mal que doit chercher à extirper un gouvernement bien organisé.

Le meilleur moyen d'attaquer un mal c'est de le prévenir, en chercher l'origine, en détruire la source ; ce n'est qu'en dernier ressort qu'on doit le guérir.

PAUPÉRISME.

Le paupérisme est la plaie la plus honteuse des sociétés modernes : c'est une accusation vivante, perpétuelle et incontestable contre les gouvernants ; c'est leur délit le plus punissable.

Les hommes, dans la société, sacrifient une partie de leurs droits pour assurer les autres : ils se privent de leur liberté naturelle, ils déposent une partie de leur pouvoir, ils s'assujettissent aux privations des lois pour que celles-ci leur donnent le bien-être, ils ne sont soumis et obéissants que pour leur propre intérêt.

La société doit donc soumission au gouvernement ; le gouvernement doit donc le bien-être général à la société.

C'est un pacte mutuel. Quiconque des deux y manquera , peut être obligé par l'autre à son accomplissement.

C'est ce que font les prolétaires lorsqu'ils se jettent dans les révolutions. Le gouvernement qui ne veille pas au bien-être de tous les hommes n'est point digne de l'appui de tous.

La misère exclut toute idée de félicité ; par conséquent c'est le premier mal que doit chercher à extirper un gouvernement bien organisé.

Le meilleur moyen d'attaquer un mal c'est de le prévenir , en chercher l'origine, en détruire la source ; ce n'est qu'en dernier ressort qu'on doit le guérir.

MOTIFS DU PAUPÉRISME.

Le paupérisme peut provenir de trois causes.

1re. Du manque de travail.

2e. Du refus d'accepter du travail.

3e. De l'insuffisance du travail pour les besoins de l'existence.

La première est produite par l'excès de population, et par la richesse excessive ou par la grande accumulation de biens aux mains de quelques-uns ; la deuxième, par l'indolence ; la troisième, par la mauvaise qualité du travail.

EXCÈS DE POPULATION.

L'excès de population ne doit être neutralisé que par la fondation de colonies.

Les devoirs des colonies envers les métropoles doivent être comme ceux des pères envers leurs enfants : à ceux-là la surveillance de l'enfance et l'émancipation des adultes ; à ceux-ci la docilité pendant la soumission, et la reconnaissance, une fois émancipés.

Les bons pères seront toujours aimés de leurs enfants ; les mauvais pères s'exposeront à en être méconnus.

LA RICHESSE.

La principale cause du paupérisme c'est la richesse.

La richesse est la grande accumulation de biens et de pouvoir aux mains de quelques-uns, auxquels ne peuvent point atteindre les autres.

Parfois il peut y avoir des pauvres sans qu'il y ait de riches; mais jamais de riches sans qu'il y ait de pauvres. De même qu'il y a des plaines sans montagnes, mais jamais de montagnes sans précipices.

La pauvreté est une conséquence de la richesse; car la richesse veut être servie.

Quand tout le monde sera assez riche pour ne point dépendre d'autrui, on arrivera au vrai nivellement social.

AVANTAGE DES RICHESSES.

. . . .

LEURS VICES.

Outre le paupérisme, l'excessive accumulation de biens aux mains de quelques-uns produit beaucoup d'autres maux qui sapent la société dans ses fondements.

La richesse augmente les besoins : aussi est-il que les richesses excessives ont augmenté excessivement les besoins.

Le commerce et l'industrie se sont hâtés de les flatter et même de les prévenir; aussi est-il que des fortunes immenses ne suffisent plus pour les satisfaire.

A la satisfaction des besoins ordinaires se joignant celle des besoins illimités de la vanité

et du luxe, les exigences deviennent insatiables.

La soif d'acquérir étant toujours vivante, le
riche acquiert par là une grande supériorité sur
le pauvre.

Le sort du pauvre dépendant de la volonté du
riche, la richesse devient un pouvoir social difficile à gouverner et insoutenable, car elle ne
pourra jamais être réglée par la loi.

La loi ne pourra jamais niveler la richesse et
la misère.

En vain les rendra-t-elle égales devant elle : le
pauvre dépendra toujours absolument du riche,
car il dépend de celui-ci de faire le bonheur ou
le malheur de celui-là.

Comme un pouvoir indocile à la loi, la richesse
est préjudiciable et doit être combattue.

Dans une société bien organisée il ne doit point y avoir d'autre pouvoir que celui de la loi.

———

En outre, la richesse change la position sociale : une législation vicieuse et dégradée encense la richesse, et la met en parallèle avec le mérite, et même lui donne la préférence.

Le riche, par cela seul qu'il est riche, peut être noble ; il peut aspirer à tous les emplois, et même il peut obtenir l'exemption du châtiment.

Le délit qu'on punit corporellement dans le pauvre, le riche le paie seulement de son argent.

Aussi dans une législation avilie, le riche peut-il être criminel impunément.

Celui qui est riche est tout ; aussi n'y a-t-il rien qu'on ne fasse pour le devenir.

Il n'existe point de vice, de dégradation, de crime qu'on ne commette pour arriver à la fortune. Il serait bien curieux de voir une statistique des vices, dégradations et crimes produits par la richesse en Europe depuis la dernière conquête.

Le manque de niveau actuel des sociétés est effrayant, insoutenable. Les uns décimés par la faim ou par l'intempérie là où d'autres ont des palais et des communes entières, n'est-ce pas l'injure la plus cruelle qu'on puisse faire à l'humanité?

Les gouvernements doivent empêcher ce manque de niveau, en attaquant le mal dans sa source, et faisant que les biens puissent se répandre entre tous avec la plus grande égalité possible.

Il n'y aura jamais de véritable égalité tant qu'il existera une si grande inégalité de fortunes.

ORIGINE DE LA RICHESSE.

La richesse peut provenir de trois causes.

1° Des conquêtes.

2° Des priviléges et des monopoles.

3° Du jeu, des agiotages ou autres malversations.

Les richesses excessives ne proviennent presque jamais des épargnes faites sur un travail personnel.

CONQUÊTES.

Aujourd'hui on ne doit presque plus craindre de conquètes en Europe. Si elles ont lieu ailleurs, elles doivent être partagées avec égalité en colonies.

Ce sont les majorats d'aujourd'hui qui maintiennent vivants les maux des conquêtes passées. Aussi les majorats qui maintiennent les richesses excessives, doivent être abolis.

MONOPOLES ET PRIVILÉGES.

Les monopoles et les priviléges, non-seulement produisent la richesse, mais encore ils la produisent injustement, et cela aux dépens d'autrui.

Il ne doit y avoir aucune espèce de privilége, soit pour acheter, soit pour vendre.

Chacun doit être entièrement libre d'acquérir ce dont il a besoin, et où bon lui semble, et le gouvernement, loin de restreindre ces facultés, doit les faciliter par tout ce qui est en son pouvoir.

Qu'on ouvre les portes du commerce; que chacun soit libre d'importer et d'exporter tout,

dans tous les pays et de tous les pays, et les richesses et le bien-être chercheront leur niveau en
se répandant chez tous les peuples.

JEUX, AGIOTAGES ET MALVERSATIONS.

Les jeux, les agiotages et les malversations ne seront point possibles, ou seront réprimés dans un gouvernement bien organisé.

La loi ne doit point non plus suppléer au mérite par la richesse.

La richesse ne doit être un titre pour' aucun emploi, grade, avancement, ni honneurs d'aucune espèce.

La peine corporelle ne devra jamais non plus se racheter par l'argent.

Devant la loi, le riche ne doit être qu'un plus grand contribuable.

La plus grande contribution ne pourra servir ni d'objet ni de prétexte pour aucune indemnisation de la part de la loi.

Cependant on devra régler la graduation du châtiment entre le riche et le pauvre par les habitudes et les particularités de chaque classe.

De cette manière les richesses excessives deviendront difficiles : s'il y en a, elles n'auront pas autant de pouvoir; elles ne produiront pas autant de mal et il n'y aura pas autant de désirs pour y arriver.

INDOLENCE.

La cause la moins à craindre du paupérisme c'est l'indolence.

Lorsque l'indolence n'empêche point l'homme de remplir ses devoirs, elle n'est point vicieuse, elle n'est point nuisible.

La répression énergique des vices ayant lieu, et la punition pour n'avoir point rempli ses devoirs étant infaillible, il n'y aura point d'indolents pernicieux.

TRAVAIL QUI NE PRODUIT PAS LE NÉCESSAIRE.

Voilà la cause la plus déplorable du paupérisme. Elle tue l'homme par la misère après l'avoir épuisé par des efforts inutiles.

Dans l'ordre naturel, le travail corporel de l'homme lui fournit le nécessaire s'il ne se vicie point par des circonstances accidentelles.

Le travail de l'homme peut être divisé en trois classes. Celui de l'agriculture, celui de l'industrie, celui des sciences.

AGRICULTURE.

Celui de l'agriculture est le principal. C'est la véritable, la plus sûre richesse des peuples. C'est par ses produits qu'on satisfait aux premières nécessités humaines. Un peuple agriculteur bien organisé, s'il n'est point riche, ne manquera de rien de tout ce qui est nécessaire aux premières commodités de la vie.

Par conséquent le gouvernement doit préférer les occupations de l'agriculture.

Il doit chercher à toujours avoir des terrains à répartir à quiconque se trouvera sans autre espèce de travail ; même en forçant à vendre et en achetant tous ceux dont les propriétaires ne pourront ou ne voudront point les cultiver.

Il devra imposer le moins possible ces produits, et faciliter la culture aux travailleurs.

INDUSTRIE.

L'industrie ne facilite qu'une manière d'être précaire, et elle produit des besoins factices.

C'est là le travail qui manque le plus souvent du nécessaire.

Viciée par les priviléges et les monopoles, l'industrie produit de grandes richesses et la plus effroyable misère. Elle rend les uns vains dans l'opulence et tue les autres par la faim.

Ainsi on ne doit donner de protection à l'industrie que pour la facile acquisition des matières premières.

Alors chaque peuple n'aura que celles qui lui seront indispensables, ou celles par lesquelles il pourra prospérer.

SCIENCES.

On doit protéger les sciences autant que l'agriculture. Celle-ci est la vie du corps : celles-là sont celle de l'esprit.

L'intelligence est le véritable pouvoir, la vraie supériorité. La nation qui aura le plus d'hommes intelligents sera la plus puissante. Aussi doit-on chercher à développer l'intelligence par tous les moyens possibles.

Le gouvernement doit avoir des écoles et des classes où tout puisse s'apprendre par tout le monde.

Le manque d'argent ne doit point être un

obstacle. On doit profiter de toutes les intelligences.

––––––––––

En outre, le gouvernement doit toujours avoir en réserve des fonds et du travail pour occuper et payer quiconque se trouve sans occupation.

Il ne doit y avoir personne dans le besoin par force, ni aucun travail qui ne produise le nécessaire.

EMPLOYÉS, DÉLATIONS, CHATIMENTS.

Les employés ne sont que des administrateurs de la société. Tout maître a toujours le droit de demander compte à ses administrateurs.

Ainsi tout abus d'emploi, toute mauvaise malversation des employés publics doit produire une action publique.

Tout citoyen doit, sans aucune espèce de responsabilité, pouvoir demander compte à tout employé de l'exercice de son ministère.

Quiconque remplit fidèlement un emploi public, sert la nation. Tous ont droit à une récompense.

Tout employé doit être rétribué de manière à pouvoir vivre commodément, ainsi que sa famille.

Ainsi toutes les soldes doivent être égales, suivant la catégorie, le travail et les dépenses.

De cette manière cessera l'ambition de parvenir, soit par avarice, soit pour améliorer une situation précaire.

———

Quiconque sert la nation a droit d'être honoré par la nation.

Aussi tout emploi ou charge publique doit être honorable, sans exclusion même des exécuteurs des hautes œuvres.

Les exécuteurs des hautes œuvres ne sont infâmes que quand ils ne sont point les exécuteurs de la justice, mais bien les instruments d'un pouvoir aveugle et effréné, comme celui du despotisme, ainsi qu'étaient les exécuteurs du moyen âge.

Voilà l'origine de l'infamie de la police et des exécuteurs de la justice.

Dans un gouvernement bien organisé les employés de police et d'exécution de justice, comme étant de la plus grande importance, doivent être hautement honorés, pour qu'ils soient dignement respectés.

———

C'est de là aussi qu'est venue l'origine de l'infamie qui est retombée sur les délateurs.

La délation ne peut être infâme que lorsqu'elle aura rapport à des délits fictifs, créés seulement par l'insolence des tyrans.

La délation du vrai délit qui blesse la société est due ; celui qui ne la fait point devient un véritable délinquant.

Nul délateur ne doit être responsable de sa délation, quand bien même il nommerait des personnes, s'il ne les assure pas délinquantes.

S'il les signale faussement comme telles, ce n'est plus un simple délateur, il devient un faux témoin.

La délation seule ne doit produire aucun effet sur le délinquant présumé, contre la personne ni sur les biens duquel on ne pourra procéder jusqu'à ce que la délation puisse s'appuyer sur des preuves.

CHATIMENTS.

Le châtiment est nécessaire dans la société. Pour punir il faut reconnaître le délit ; pour arriver à la preuve il faut que quiconque connaîtra la vérité la dise ; par conséquent tout le monde est obligé de dire la vérité devant ses juges.

Ceci étant un devoir de l'homme, celui-ci ne doit point y résister : en cas de résistance, le juge peut arracher la vérité.

Le juge doit l'arracher par tous les moyens possibles, excepté par le mensonge et le tourment ; car l'un dégrade celui qui l'emploie et l'autre celui qui le reçoit.

En outre le tourment peut être inutile. L'homme

fort souffre et n'avoue point le crime qu'il a commis ; l'homme faible ne souffre point et il avoue le crime qu'il n'a pas commis.

La société peut avoir droit sur l'homme pour tout, excepté pour le dégrader ; car la dignité de l'homme doit être au-dessus de tout.

L'homme, ainsi que toutes les choses, ne vaut qu'autant qu'il est estimé.

L'homme dégradé ne vaut plus rien ; l'homme honoré est inappréciable.

C'était toute la différence qu'il y avait entre un Perse et un Spartiate.

L'homme qui ne dira point la vérité à son juge pourra être puni jusqu'à la déportation.

L'homme qui se refusera au bien de la société n'a point de droit à ses bienfaits.

PEINE DE MORT.

L'homme ne se soumet à un gouvernement que pour sa propre convenance.

Les gouvernements n'ont d'autres droits que ceux que leur donne la communauté.

Le but de tous les sacrifices que fait l'homme dans la société est d'en obtenir une récompense équivalente.

Quand il sacrifie une partie de ses droits c'est seulement pour mieux assurer l'usage des autres.

Il sacrifie sa liberté naturelle pour mieux assurer sa liberté civile.

Il se résigne à souffrir un châtiment pour devenir lui-même meilleur, et pour contenir les autres dans les maux que, sans cela, ils pourraient lui faire.

La mort est la cessation de tous les droits. Par conséquent l'homme ne peut accorder à personne la faculté de lui imposer ce châtiment, parce qu'il n'en reçoit en échange aucune récompense : il n'assure de cette manière aucun de ses droits ; il les perd tous au contraire et pour toujours.

Aussi la société n'a le droit d'imposer la peine de mort que dans les cas où on lui donne expressément ce droit.

En outre, la peine de mort ne remplit point toutes les conditions que doivent avoir tous les châtiments sociaux.

Les objets essentiels des châtiments sont :

1° L'amélioration du délinquant.

2° L'exemple des autres.

La peine de mort ne rend pas le délinquant meilleur: elle manque à une de ses conditions essentielles.

———

En outre, avec un autre châtiment on peut obtenir de plus grands résultats.

Avec un autre châtiment quelconque qui ne soit point celui de la mort, on peut rendre le délinquant meilleur, et donner un exemple salutaire aux autres.

———

Cependant on dit que la peine de mort est efficace et juste.

Efficace, car on croit que ce que l'homme peut craindre le plus, c'est la mort.

Mais la mort n'est point ce que craint le plus l'homme fort.

Quand le gouvernement sera ce qu'il doit être, et que tous les hommes jouiront de leurs droits civils et domestiques, alors l'homme craindra plus les privations, les souffrances et la honte.

————

On croit que la peine de mort est juste pour l'homicide, parce qu'on dit que la peine du talion ne peut être injuste.

Mais la peine du talion est un produit de la loi brutale de la nature. La société l'a proscrit.

Le vol, la mutilation, l'injure, ne se punissent point par le talion.

La loi qui ferait mutiler un mutilateur serait justement réputée barbare.

La peine de mort, comme celle du talion dans ces crimes atroces, présente un spectacle odieux et repoussant.

Les terribles apprêts du dernier supplice ont toute l'apparence d'un assassinat solennel. Ils ont coutume de produire un effet contraire à celui qu'on désire : c'est la pitié pour le délinquant, et la haine pour ses juges.

———

Aussi la société n'a pas le droit d'imposer la peine de mort : mais elle peut l'acquérir.

L'homme n'a pas le droit de tuer un autre homme ; mais il l'acquiert quand sa vie est compromise. Les sociétés de même.

Les sociétés ne peuvent point être attaquées de

manière à craindre la mort, car les sociétés ne meurent point.

Mais on attaque l'âme des sociétés quand on menace l'ordre social ; parce que sans ordre il ne peut point y avoir de société.

L'homme assailli n'a le droit de tuer son agresseur que pour se sauver ; quand il s'est sauvé, il perd ce droit. La société de même.

Quand on a arrêté le criminel, le péril a cessé, et le droit aussi.

Quand on a saisi le délinquant, il n'y a de droit que pour le corriger, et pour donner un exemple aux autres.

Aussi on ne doit infliger la peine de mort qu'à celui dont la simple existence est une menace constante contre l'ordre social.

Dans tous les autres cas elle n'est pas nécessaire.

Cependant les châtiments peuvent et doivent avoir toute la durée et toute la sévérité nécessaires pour donner un exemple énergique et sûr.

Aujourd'hui peut-être la peine de mort est nécessaire; car il y a des hommes qui n'ont d'autre chose à perdre que la vie. Entre ceux-ci et les sociétés qui tolèrent des situations semblables, il ne peut y avoir d'autre pacte que celui de la force.

PEINES PERPÉTUELLES.

Les peines perpétuelles ne remplissent point non plus les deux conditions essentielles que doivent avoir les châtiments.

Elles ne restituent point à la société le délinquant corrigé et repentant.

En outre, elles peuvent produire un désespoir juste et funeste.

Ainsi, on ne doit infliger aucune peine perpétuelle.

Comme le châtiment est la purification du dé-

lit, quand le délinquant a souffert son châtiment,
il doit être rétabli dans la société, comme s'il n'a-
vait pas failli.

Diffamer celui qui a souffert son châtiment,
c'est l'obliger à recommencer.

EMPRISONNEMENTS.

La liberté est une des jouissances les plus chères à l'homme. Il la préfère souvent même à la vie.

Aussi la perte de la liberté est un des châtiments les plus graves qu'on puisse lui infliger.

Il n'y a de coupable légal qu'après la sentence irrévocable.

Aussi on ne doit infliger un châtiment qu'après la sentence irrévocable.

Par conséquent, il ne doit point y avoir d'emprisonnement avant la sentence.

Mais, comme de cette manière le criminel pourrait éviter le châtiment, il faut assurer le châtiment sans emprisonnement.

Quand les gouvernements seront ce qu'ils doivent être, tous les hommes jouiront de leurs droits domestiques et civils, et ils auront aussi un bien-être assuré.

Alors on ne fuira pas la justice, car la fuite serait la perte de toutes les jouissances. La fuite serait le châtiment, ou encore pis.

On fuira seulement la justice par la crainte d'un châtiment plus grave que la perte de toutes ces jouissances.

Aussi quand le gouvernement sera ce qu'il doit être, l'emprisonnement avant la sentence sera seulement nécessaire dans les crimes dont les châtiments seront plus graves que la perte des jouissances civiles et domestiques ; ou quand le délinquant ne répondra pas ponctuellement à la convocation judiciaire, en se présentant personnellement quand il sera requis.

Quand la police sera bien organisée, et quand il n'y aura plus d'asile même dans les pays étrangers, la fuite sera impossible ou inutile.

Aujourd'hui l'emprisonnement avant la sentence est nécessaire dans plusieurs cas; parce qu'il y a beaucoup d'hommes qui manquent de toutes les jouissances domestiques et civiles; parce que la fuite est facile; parce qu'on ne perd rien en fuyant la justice, et il y a plusieurs hommes qui gagnent dans une prison, et même au bagne, où au moins ils ont la subsistance assurée.

Il viendra peut-être un jour où l'on ne croira pas que de semblables existences sociales aient pu subsister sous des gouvernements qui se sont dits éclairés.

On doit réserver les prisons pour les châtiments.

L'emprisonnement est un châtiment si efficace
qu'il peut servir pour tous les délits et pour tous
les hommes.

La perte de la liberté et des jouissances domestiques est également sensible pour tous les âges,
pour toutes les classes et pour toutes les conditions.

Comme le châtiment doit servir pour purifier,
tout lieu de châtiment doit être en même temps
école de moralité.

—————

La société entière est intéressée dans le châtiment des crimes. Celui qui en cela ne seconde
pas les autorités, devient le complice des délin-
quants.

Tous les hommes doivent avoir la faculté et l'obligation de saisir les criminels et de les conduire devant l'autorité compétente.

DUELS.

Le duel est un crime commis par deux personnes ; mais il n'y a jamais qu'un seul coupable.

Le duel n'est pas un pacte volontaire. Un des compétiteurs y concourt toujours par force.

Celui qui est provoqué ne peut pas manquer de demander ou d'accepter le duel. La société d'aujourd'hui l'y force.

Celui qui concourt par force à la perpétration d'un crime, ne peut jamais être coupable.

Celui qui provoque est l'unique promoteur, la cause unique, l'unique coupable.

Par conséquent, celui qui est provoqué ne doit être puni dans aucun cas. Celui qui provoque doit toujours l'être, quand même le duel n'aurait pas eu lieu.

Le manque de cette distinction est ce qui a fait que le duel, justement réputé comme un crime, n'a jamais pu être puni.

Il y a toujours un innocent et un coupable. Toutes les législations les ont confondus tous les deux.

Le châtiment d'un innocent est si repoussant que l'opinion publique a préféré sauver le coupable, au mépris de la loi, plutôt que de punir un innocent.

Quand on séparera la cause de l'un de celle de l'autre, alors la loi sera respectée, et le châtiment sûr.

TRIBUNAL COSMOPOLITE.

La civilisation est l'empire de la raison; cet empire ne peut être réel sans lois; les lois ne sont point efficaces sans tribunaux. Tout ce qui n'est point assujetti aux lois et aux tribunaux est hors de l'empire de la raison.

La civilisation ne fût jamais née, ni ne se fût jamais développée, si les hommes ne se fussent point soumis aux lois: aussi la civilisation ne pourra-t-elle jamais parvenir à son but si les nations ne s'assujettissent point aux lois.

On n'avance en rien d'organiser parfaitement le régime intérieur d'une famille, si l'on ne règle point celui de toute la société : aussi n'avancet-on en rien de perfectionner le gouvernement intérieur des nations, si l'on ne règle point le gouvernement de toutes entre elles.

Quelque fort que soit un homme ou une famille isolée, ils sont exposés à l'insulte, s'ils ne s'unissent point et s'ils ne comptent point les uns sur les autres.

Quelque forte et bien organisée que soit une société, une nation, elle est exposée à être offensée et déchirée par d'autres nations, si elles ne s'unissent point pour garantir la sûreté commune.

Les hommes abandonnèrent l'état sauvage pour ne point dépendre de l'empire de la force, et ils établirent un gouvernement pour dépendre seulement de la loi qui est la justice et la raison.

Les nations, dans leurs relations entre elles, restent dans l'état sauvage. Dans leurs différences, il n'y a point d'autre supériorité que celle de la ruse, de la perfidie et de la force.

Ce que l'on reconnaît comme appartenant seulement aux brutes, les nations l'invoquent et l'emploient constamment pour elles-mêmes.

Aussi dans l'état des sociétés actuelles, l'homme a gagné quelque chose comme individu, les sociétés rien.....

L'homme laissant les forêts pour les cités, évite d'être maltraité impunément par un autre homme, ou bien d'être dévoré par une bête sauvage; mais les hordes, converties en nations, n'évitent point d'être assaillies, saccagées et détruites par d'autres peuples ou nations.

L'homme de la société ne se bat point dans les forêts pour un fruit, une femme ou un animal mort; mais il se bat et meurt soit sur mer, soit sur terre, pour des causes qui lui sont même étrangères.

Il ne se bat point en détail dans les forêts pour sa propre nourriture; mais il périt en masse sur les champs de bataille pour les caprices d'autrui.

Les nations sauvages ont succédé aux hommes sauvages. Ainsi il ne suffit point de civiliser les hommes ; il faut civiliser les nations.

L'existence et la sûreté des sociétés civilisées, indépendantes, sont aussi précaires et aussi exposées que celles des hordes sauvages. Aucune n'a de défense contre une force plus grande.

Aussi ont-elles la même existence dans les combats, dans les malheurs et dans les dangers, et de pires résultats ; car les hordes se perpétuent et même augmentent jusqu'à devenir des nations ; mais les nations rétrogradent jusqu'à ce qu'elles soient effacées ou anéanties.

Il n'y a point de sociétés civilisées, prises dans toutes les époques, qui n'aient donné cet exemple scandaleux. Toutes ont eu recours aux armes, pour décider leurs querelles ; et toutes se sont battues jusqu'à se détruire comme pourraient le faire les sauvages au plus profond des forêts.

La guerre est le pire de tous les maux qui puissent affliger l'humanité, et cependant elle est absolument nécessaire dans l'état actuel d'indépendance absolue des nations.

De même que le sauvage, pour ne point reconnaitre d'autorité, se voit forcé de souffrir l'insulte et même la mort du plus fort ; de même les nations, pour ne point vouloir reconnaitre un pouvoir régulateur, sont affaiblies et épuisées par des guerres.

On est sur le point de sanctionner le principe que l'homme à moins de raison que de férocité : car la guerre est son état habituel depuis le commencement des siècles ; car il n'y a point de peuple, presque point de génération qui n'ait combattu, ni d'état qui n'ait été effacé par une conquête.

En Orient les rois disputaient, et les empires étaient détruits.

En Grèce les républiques disputaient, et elles se déchirèrent jusqu'à s'anéantir elles-mêmes.

Entre Rome et Carthage il ne put y avoir d'autre juge que le fer, ni d'autre sentence que l'égorgement d'une victime.

Tout ce système de la barbarie des forêts a été développé ensuite dans l'histoire moderne, au point d'être réduit en code par un sage, et mis incessamment en pratique dans les nations qui s'intitulent policées, et par des hommes qui se disent supérieurs.

Aussi la civilisation est-elle incapable d'arriver à son but, de marcher, et même de se maintenir sans rétrograder.

La civilisation n'est point parvenue à son terme parce qu'elle n'a point marché constamment;

lorsqu'elle parait le plus avancée survient une guerre et elle est détruite.

Les gouvernements civilisateurs, et ce sont les populaires, sont nés maladifs ; par leurs facultés ils développent leurs maux, ils languissent, et lorsque les gouvernements forts les voient languissants, ils les attaquent et les tuent.

Les gouvernements qui ne meurent jamais, et ce sont ceux où un seul gouverne, ont été jusqu'à présent despotiques, et le despotisme ne civilise point ; il n'apprend que la dégradation, la superstition et l'égoïsme.

Un gouvernement despotique qui daterait de l'âge du monde, comme la Chine, ne gouvernera jamais que des peuples dégradés, arriérés et misérables.

Aussi les gouvernements civilisés ont-ils toujours péri ou rétrogradé par les guerres, et la guerre est l'unique obstacle de la marche et du progrès de la civilisation.

Pour éviter ce mal il n'y a qu'un moyen, celui de ne point décider par la force les différends des nations.

L'illustration d'aujourd'hui le reconnaît, et l'on nomme des arbitres qui décident ces querelles. Mais cela ne suffit point : les arbitres sont volontaires, et il faut un tribunal qui force, un tribunal irrécusable, infaillible.

Le tribunal doit être la réunion de ceux mêmes qui gouvernent; car le jugement entre égaux est le plus supportable et le plus juste.

Il ne doit point se composer d'envoyés ni de représentants : leur pouvoir serait trop grave, leur mandat trop transcendant pour n'être point revêtu de tout le prestige dont il pourrait être susceptible. Il doit être formé des monarques en personnes ou des chefs suprêmes, et leurs décisions seront garanties par toute la force commune.

Alors la force militaire ne sera pas ce qu'elle est, mais bien ce qu'elle doit être.

Aujourd'hui la force militaire est un fléau qu'on emploie contre des peuples innocents. Alors elle deviendrait seulement une menace qui, en dernier ressort, retomberait seulement sur les coupables.

Aujourd'hui les avancements de la science militaire effraient, car ils servent à faire un plus grand nombre de victimes. Alors ils deviendront satisfactoires ; car ils ne serviront qu'à en rendre l'usage plus difficile ; car plus la force qui menacera deviendra supérieure et irrésistible, moins il y aura de probabilités qu'elle soit employée.

Peut-être il n'y aurait point une nation qui osât résister à l'Europe liguée.

Ce tribunal n'offre qu'un inconvénient, c'est que parfois sa sentence, contre laquelle on ne pourrait en appeler, ne fût injuste.

Les décisions de la guerre ont cet inconvénient sur une plus grande échelle, et, en outre, celui de torrents de sang versés, de campagnes ravagées, de villes et de villages détruits et de familles noyées dans les larmes.

Aussi la civilisation n'a-t-elle qu'un moyen de se sauver, celui d'ériger un pouvoir auquel se soumettront les nations, de même que l'homme des forêts n'eut d'autre salut que dans la formation de la société et dans la soumission aux lois.

———

Alors les guerres et les conquêtes deviendront impossibles.

Alors les nations ne pourront point ni trop s'étendre ni trop s'enrichir, ni se corrompre, ni s'affaiblir par de grandes acquisitions, pour se préparer à leur tour à être conquises.

Alors finira ce funeste préjugé qui a causé les

plus grands maux du monde ; on l'appelle nationalité et ce n'est que rivalité, qu'envie et égoïsme.

La nationalité divise les nations comme les
bandes et les factions divisent les sociétés.

Athéniens et Spartiates, Romains et Cartha-
ginois, Français et Anglais, c'est la même chose
que Guelfes et Gibelins, Wighs et Torys, Zégris
et Abencerrages.

Quelques-uns de ces partis ont représenté par
fois un principe plus ou moins noble, plus ou
moins juste ; les nationalités ne représentent que
l'orgueil et l'envie.

Les bandes et les partis échauffent les passions
et les exagèrent ; ils se croient tout permis ; ils
sacrifient tout pour arriver au triomphe ; les nationalités agissent de même.

Les Maures se laissèrent rejeter de l'Espagne
pour n'avoir point voulu apaiser leurs querelles
intérieures ; Aristide, la personnification de la

justice, soustrayait des trésors et violait des trai-
tés et des serments pour agrandir sa patrie. Il
n'y a point de crime, point de violence qui ne
soit tenu pour licite entre les nations pour obtenir une suprématie.

C'est une conséquence forcée de l'absolue et
irrationnelle indépendance des nations.

Comme la loi de la raison parmi elles est la
loi de la force, le plus fort est le plus puissant ;
le plus puissant est maître des autres, et il est
bien naturel et bien logique qu'aucune nation
ne veuille qu'une autre excelle ni se fortifie : de
là ces luttes continuelles entre les unes et les
autres pour se nuire, s'affaiblir et se perdre.

Rome ne pouvait voir d'un œil impassible que
Carthage s'agrandît ; car elle savait que le jour où
Carthage serait la plus forte, il n'y aurait point
de puissance sur la terre qui pût empêcher cette
rivale de l'anéantir. Elle voulut prévenir le coup :
toutes deux combattirent ; l'une fut vaincue et
disparut de la surface du globe.

Lorsque les nations fortes et les faibles seront mises en parallèle, de même que les individus sous un bon régime social, l'esprit de nationalité deviendra moins qu'un simple provincialisme, et il se perdra dans un doux sentiment domestique ; car les nations alors ne seront que des familles de l'empire le plus prodigieux qui ait apparu dans les siècles.

Alors, lorsque le gouvernement monarchique deviendra populaire et civilisateur, et lorsqu'il ne pourra point être anéanti par les guerres, la marche de la civilisation sera constante, et parviendra forcément à son terme.

MANIÈRE DE FAIRE DES RÉFORMES.

Les gouvernements qui ne répondent point à leur mission, ne s'appuient point sur l'opinion publique, mais bien sur la force.

La force, considérée comme une loi naturelle, donne droit à tout; car il n'y a rien au-dessus d'elle.

En échange, ce droit, comme tous les autres, se perd de la même manière qu'il s'acquiert. Le droit que donne la loi civile, la loi civile l'enlève; celui que donne la loi naturelle, la même loi l'ôte.

Le droit que donne la force se perd par la force.

Vim vi repellere licet. Le tyran peut tout sur l'opprimé ; l'opprimé peut tout sur le tyran.

Ainsi donc les réformes sociales, ou ce que l'on appelle révolutions , peuvent se faire de deux manières : par les peuples ou par les gouvernements.

RÉFORME PAR LES PEUPLES.

La réforme faite par le peuple, quand il n'a point de voix dans les affaires, est toujours violente, presque toujours insuffisante.

Violente; car, quand on ne lui laisse point la faculté de se réformer, il faut qu'il en vienne à la force.

Insuffisante; car les réformes sociales exigent du temps, de grandes connaissances et un tact exquis, et les peuples, et moins encore les peuples révolutionnés, ne peuvent se prévaloir d'aucun de ces moyens.

Car l'action du peuple sert bien plus à détruire

qu'à édifier ; et la réforme ne consiste pas seulement à détruire des abus , mais à faire aussi des améliorations.

Quant au premier point, il le peut et il le fait, mais d'une manière si violente qu'il lèse de grands intérêts.

Tous les intérêts lésés , ou qui peuvent être lésés par les révolutions, sont ceux mêmes qui en craignent le déchaînement : aussi les révolutions populaires sont-elles à craindre, non-seulement pour les gouvernements, mais pour une partie considérable de la masse sociale , qui est celle qui a des intérêts à perdre.

Tout ce que l'on craint on cherche à l'éviter : ce qui fait que les révolutions rencontrent toujours de grands obstacles dans la société même qui cherche à se réformer.

Le peuple ne peut les vaincre qu'en employant une force indisciplinée et aveugle ; et l'emploi d'une force indisciplinée et aveugle sera toujours une calamité.

Tous les intérêts lésés et non indemnisés conservent toujours leurs prétentions, lorsqu'ils sont détruits par une force illégitime : aussi les révolutions populaires, même après qu'elles ont eu lieu, ont toujours des détracteurs et des persécuteurs.

Donc les peuples doivent éviter autant que possible de se jeter dans les révolutions, tant qu'ils pourront faire entendre leur voix.

Alors ils doivent se borner à exprimer leur volonté, à se former une opinion : une fois formée, elle sera infaillible. Nul gouvernement ne pourra lui résister.

Quiconque la méconnaîtra ou lui résistera doit être responsable des conséquences qui pourront survenir.

Aussi, lorsque l'insurrection deviendra nécessaire, le peuple devra recouvrer son droit de donner son vote décisif dans les affaires ; il devra le garder et ne jamais l'abdiquer. Ce droit est tout ; sans ce droit, tout n'est rien.

Nulle part la propriété d'une chose n'est mieux placée qu'aux mains de son maître.

RÉFORMES PAR LE GOUVERNEMENT.

Voilà celles qui peuvent répondre à tout.

C'est le gouvernement qui peut tout faire en matière de réformes; c'est encore le gouvernement qui peut avoir tout le temps nécessaire pour acquérir de plus profondes et de plus grandes connaissances, et c'est le gouvernement qui peut exécuter le mieux, en lésant le moins d'intérêts, qualité la plus sage de toute réforme.

Il ne lésera point non plus les siens, et ce sera le meilleur moyen de les conserver.

Les rois étant ordinairement le plus grand obstacle aux réformes, toutes les révolutions menacent l'existence des dynasties : tous les peuples modernes éclairés sont incessamment menacés de révolutions : aussi toutes les dynasties actuelles doivent-elles se hâter de les prévenir.

Les révolutions pourront s'ajourner devant la force ; mais on ne les prévient que par des réformes.

Les réformes doivent être complètes ; car les réformes incomplètes ne remédient point au mal, et ont coutume d'être plus funestes que la persévérance des abus.

Une fois l'impulsion donnée, elle a coutume d'être irrésistible, et celui qui cherche à l'arrêter est renversé et maudit.

Toutes les réformes faites jusqu'à présent par les rois et par les peuples ont été incomplètes.

Toutes font taire le peuple devant l'autorité ; tout au contraire, c'est le pouvoir qui doit se taire à la voix du peuple.

Tant que le peuple n'aura point légitimement voix perpétuelle et décisive, nulle réforme ne sera ni complète ni sûre.

Le gouvernement qui entrera sagement dans

les réformes, aura pour appui l'opinion publique.

Le gouvernement qui aura pour appui l'opinion publique, ne dépendra et n'aura besoin ni de parlements ni de ministres responsables. Il gouvernera seul, il commandera seul ; à lui seul en reviendra la gloire, et jamais la faute.

Le gouvernement qui gouverne conformément à l'opinion publique n'est jamais coupable.

Le monarque qui accordera à ses peuples le droit de donner leur vote pacifique dans leurs quartiers respectifs, n'entendra jamais le tumulte et la menace gronder aux portes de ses palais.

Le gouvernement qui fera spontanément les réformes que la marche du siècle exige, se sauvera et sera béni ; celui qui ne les fera point sera maudit, et s'abîmera dans le flot indomptable des fureurs populaires !

FIN.

www.ingramcontent.com/pod-product-compliance
Ingram Content Group UK Ltd.
Pitfield, Milton Keynes, MK11 3LW, UK
UKHW020126130726
13696UKWH00001B/224